Jennifer Batista Torres

Aguas terrestres en Cuba

Jennifer Batista Torres

Aguas terrestres en Cuba

Acercamiento al régimen jurídico de sus usos

Dictus Publishing

Imprint
Any brand names and product names mentioned in this book are subject to trademark, brand or patent protection and are trademarks or registered trademarks of their respective holders. The use of brand names, product names, common names, trade names, product descriptions etc. even without a particular marking in this work is in no way to be construed to mean that such names may be regarded as unrestricted in respect of trademark and brand protection legislation and could thus be used by anyone.

Cover image: www.ingimage.com

Publisher:
Dictus Publishing
is a trademark of
Dodo Books Indian Ocean Ltd., member of the OmniScriptum S.R.L Publishing group
str. A.Russo 15, of. 61, Chisinau-2068, Republic of Moldova Europe
Printed at: see last page
ISBN: 978-613-7-34952-6

INDICE

Introducción

Desde tiempos inmemoriales la humanidad ha mostrado su inquietud por las aguas[1]. Al recibir de ellas disímiles bondades, se convirtió en el recurso natural más necesario para el hombre y el resto de las formas de vida conocidas.

Las aguas se colocan en un lugar especial y de amplia repercusión para la sociedad. Se utilizan en la agricultura para el riego de los campos y sembrados lo que permite la producción de alimentos; en la ganadería para abrevar al ganado y al resto de los animales de cría. Constituye además una vía de transporte que permite la comunicación, el intercambio cultural y el comercio entre regiones.

Asimismo con la construcción de determinadas obras se convierten las riberas en puntos estratégicos para la defensa y la protección de las fronteras acuáticas. Igualmente en ellas se pueden levantar obras hidráulicas dado que el hombre no siempre se adapta a las aguas como las encontramos en la naturaleza. Es así que se construyen embalses y presas para el almacenamiento de las mismas en pos de su utilización racional y para casos de sequía; como medidas de protección para el caso de crecidas de los ríos se edifican diques; se montan plantas potabilizadoras, desalinizadoras, de tratamiento de residuales, etc. para la reutilización y el ahorro; y por último, se proyectan acueductos para que los habitantes reciban las aguas de modo más efectivo y con mayor calidad.

También su fuerza motriz se utiliza para la producción de energía eléctrica. En fin, el agua es tan importante que si prescindiéramos de ella no existiera el mundo como lo conocemos hoy.

Si observamos el acontecer internacional, la materia que analizamos se encuentra muy en *boga*. El aumento a su acceso[2], en ocasiones indiscriminado e incontrolado, los malos usos que conllevan a la contaminación, al despilfarro creciente y el cambio climático, la han convertido en un recurso agotable. Las principales consecuencias son el nacimiento de un mercado de aguas[3] y el incremento de regulaciones y estudios sobre su régimen

---

[1] Un ejemplo de ello bastante curioso es en el caso de los griegos para los cuales las aguas eran tan importantes que al despedirse de los amigos se deseaban mutuamente "mucha suerte y mucha agua fresca". **MARTÍNEZ MARÚN**, Victoria y **VÁZQUEZ**, Bárbara. *Historia del mundo antiguo. Grecia y Roma*. 2da Edición. Editorial Pueblo y Educación. La Habana. 1978. p. 227.

[2]*Cfr*. http://www.un.org/spanish/waterforlifedecade/africa.shtml/asia.shtml, visitado el 10 de marzo de 2014.

[3] *Cfr*. **VERGARA BLANCO**, Alejandro. "Una tríada económica y jurídica: recursos naturales, bienes públicos y servicios públicos conexos para un balance de 30 años de liberalización económica en Chile (1980- 2010)" en *Derecho Administrativo y regulación económica Liberamicorum Gaspar Ariño Ortiz*. Juan M. DE LA CUÉTARA MARTÍNEZ *et alias* (Coordinadores). Editorial La Ley. Madrid. 2011. Pp. 1057 y ss.*;* **CARÓ- PATÓN CARMONA**, Isabel. "El precio del

jurídico para hacer que "todos disfruten más o menos por igual" [4] de este recurso. Organismos internacionales como las Naciones Unidas[5] y la Organización Mundial de Salud[6] han dado espacio para estos debates.

Como vemos tiene un papel muy importante en los ámbitos político y económico de cualquier Estado; incluso más que jurídico. Ello genera diversos discursos "como que es un algo de la naturaleza no susceptible de apropiación por nadie, o como arma estratégica para el ejercicio del poder"[7]. Es decir, si bien las aguas declaradas como públicas no son susceptibles de apropiación particular, constituyen un medio trascendente en la gestión de los Estados en aras de consolidar su fin de satisfacer necesidades comunes.

Todo ello ha permitido que se convierta en un tema de gran importancia para los juristas. Considerada en la actualidad en muchos ordenamientos jurídicos como un bien de dominio público, le corresponde entonces al Estado ordenar y garantizar su gestión en aras de lograr su correcto aprovechamiento.

Las aguas pueden ser *marítimas* o *continentales* y han representado un papel de necesaria referencia en los estudios de Derecho. Las primeras esencialmente en el Derecho Internacional Público y Marítimo; las segundas, básicamente, en los estudios de Derecho Administrativo, Agrario y Ambiental. Sin embargo, son estas últimas las que han suscitado más interrogantes y debates de la doctrina.

Para nadie es un secreto lo especial que resulta este recurso natural. Su reafirmación como bien nacional o de dominio público nos hace pensar si realmente tal denominativo vendría a resolver los problemas jurídicos que sobre ella se originan.

---

servicio público del agua". *Ídem*. Pp.1421 y ss.; **EMBID IRUJO**, Antonio (Director). ***Régimen económico- financiero del agua. Los precios del agua***. Editorial Civitas. Navarra. 2009.

[4] Dada la iniciativa del Estado Plurinacional de Bolivia, la Asamblea General de las Naciones Unidas el 28 de julio de 2010, declaró derecho humano esencial al agua potable y al saneamiento básico para promover el pleno disfrute de la vida y del resto de los derechos humanos. Disponible en: http://www.un.org/spanish/waterforlifedecade/human_right_to_water.shtml y http://www.un.org/spanish/waterforlifedecade/pdf/facts_and_figures_human_right_to_water_spa.pdf, visitados el 10 de marzo de 2014.

[5] http://www.un.org/spanish/waterforlifedecade, visitado el 10 de marzo de 2014.

[6] La Organización Mundial de la Salud (OMS) ha establecido ciertos parámetros para considerar al agua como potable, apta para el consumo humano esto son: debe carecer de contaminantes, poseer una proporción determinada de tanto de gases como de sales inorgánicas disueltas, debe ser incolora, inodora y de sabor agradable. Revista *Voluntad Hidráulica*. Órgano Oficial del Instituto de Recursos Hidráulicos. No. 106. Marzo de 2013. p. 17.

[7] **SÁNCHEZ SANDOVAL**, Augusto. "El agua es un problema político económico, no jurídico" en ***Régimen jurídico de las aguas. Culturas y sistemas jurídicos comparados***. Jorge FERNÁNDEZ RUIZ y Javier SANTIAGO SÁNCHEZ (Coordinadores). UAM/Instituto de Investigaciones Jurídicas. Serie Doctrina Jurídica. No. 382. México. 2007. p. 361.

Cuestiones como quién es su titular, cuál es su naturaleza jurídica, cuáles son los elementos del régimen jurídico de las aguas terrestres, así como los derechos de aprovechamiento que pueden nacer sobre ellas son interrogantes que interesan a los juristas en la actualidad.

Lo cierto es que los elementos variarán según las características hídricas de cada Estado, así como de la política de aguas que adopten.

Sobre la titularidad de las aguas terrestres, la cuestión es complicada y constituye la principal fuente de confusiones para comprender el alcance de los derechos que nacen sobre ellas. De aquí que existan aguas privadas y públicas; y en tal sentido, los derechos sobre cada una variarán, así como su régimen jurídico.

El objeto que nos proponemos desarrollar dentro de esta investigación se refiere a los *usos de las aguas terrestres* no solo desde el punto doctrinal, sino sobre el tratamiento jurídico en el país. Si bien tal tema pudiese resultar sencillo para quienes se detengan sobre él, nos corresponde decir que es más complicado de lo que aparenta. Su no inclusión en las normas jurídicas al efecto lleva consigo deficiencias en el actuar y la gestión de la Administración pública. Al realizarse los procedimientos según lo que la práctica ha dictado a lo largo de los años, la Administración puede incurrir en arbitrariedades olvidando lo necesario de la satisfacción de las necesidades comunes. Por ello tres razones fundamentales han motivado este trabajo.

La primera, en el orden teórico, es que la institución se encuentra desvirtuada en nuestro país ante la incoherencia y la falta de sistematicidad en la normativa especial vigente.

En Cuba, el agua ha sido constitucionalmente declarada como propiedad estatal socialista de todo el pueblo de acuerdo al Artículo 15[8]. Ello significa que el Estado debe permitir y propiciar su uso, ya sea común, especial o privativo en aras de un uso racional pero

[8] Artículo 15: Son de propiedad estatal socialista de todo el pueblo:
a) las tierras que no pertenecen a los agricultores pequeños o cooperativas integradas por éstos, el subsuelo, las minas, los recursos naturales tanto vivos como no vivos dentro de la zona económica marítima de la República, los bosques, las aguas y las vías de comunicación;
b) los centrales azucareros, las fábricas, los medios fundamentales de transporte, y cuantas empresas, bancos e instalaciones han sido nacionalizados y expropiados a los imperialistas, latifundistas y burgueses, así como las fábricas, empresas e instalaciones económicas y centros científicos, sociales, culturales y deportivos construidos, fomentados o adquiridos por el Estado y los que en el futuro construya, fomente o adquiera.
Estos bienes no pueden trasmitirse en propiedad a personas naturales o jurídicas, salvo los casos excepcionales en que la trasmisión parcial o total de algún objetivo económico se destine a los fines del desarrollo del país y no afecten los fundamentos políticos, sociales y económicos del Estado, previa aprobación del Consejo de Ministros o su Comité Ejecutivo.
En cuanto a la trasmisión de otros derechos sobre estos bienes a empresas estatales y otras entidades autorizadas, para el cumplimiento de sus fines, se actuará conforme a lo previsto en la ley.

equitativo de acuerdo con las necesidades de cada administrado; y para ello deberá expresamente disponerlo en una norma especial que desarrolle tal particular.

En nuestro país existe una gran dispersión al regular el régimen jurídico de las aguas terrestres[9]. Se tendrá en cuenta como recurso natural que merece amparo desde esta perspectiva y también para su protección contra la contaminación, refiriéndose a los usos como acciones.

Asimismo como constituye un recurso de escasa disponibilidad en el país, al ser los ríos intermitentes y las precipitaciones escasas, debe ser mayor la regulación jurídica y técnica para realizar una mejor gestión sobre las mismas.

Por otro lado encontramos que en nuestro ordenamiento jurídico existe lo que pudiésemos denominar una dualidad normativa y, especialmente en el caso de las aguas terrestres, sucede con mucha frecuencia. El hecho es que por el propio control al cual se someten y debido a la disponibilidad escasa de las mismas, se disponen en las normas jurídicas pronunciamientos de este tipo, conjuntamente con reglas netamente técnicas que sirven para dar una explicación práctica al contenido jurídico. Su fundamento está claro: el manejo de las aguas es una cuestión esencialmente práctica mas no por ello debemos olvidar su trasfondo jurídico. Es esto lo que ha sucedido con los usos de las aguas terrestres: se ha convertido en una cuestión tan técnica que se reduce a determinar los volúmenes aprovechables por cada rama de la economía, dejando fuera a los habitantes como principales beneficiarios de ellas[10] y que pueden en todos los casos hacer uso de ellas por sí mismos[11].

Otro elemento lo constituye el rango normativo de la regulación sobre las aguas terrestres. Estas cuestiones se ordenan en un Decreto Ley cuando lo correcto sería su regulación mediante una Ley que estableciera las cuestiones específicas sobre las aguas terrestres en el país al ser un bien de dominio público especial. Ello evitaría que normas de superior

---

[9] Encontraremos referencias en las normas relativas a la navegación, la pesca, las minas, el medio ambiente donde el Capítulo IV: Agua y ecosistemas acuáticos. Sección segunda, lo aborda, los recursos forestales; en el Código Penal, en la norma tributaria, en resoluciones del Ministerio de Finanzas y precios, en la Política Nacional del Agua pero solo se tiene en cuenta la cantidad de metros cúbicos disponibles para cada espacio de la sociedad, etc.

[10] Aunque no se dispone en ningún sitio todo parece indicar que, debido al principio de unidad de la corriente, todas las aguas están interconectadas y como quienes hacen posible que llegue a los administrados como individuos son personas jurídicas que prestan un servicio público, los usos privativos y los especiales vienen dados por lo que dispongan esos entes dejando fuera los usos comunes, por ejemplo, que son consecuencia de la declaración del agua como bien de dominio público.

[11] Aunque no es lo que prima los habitantes pueden tomar las aguas por sí mismos, igualmente hacer uso de ellas para actividades deportivas, recreativas o para satisfacer sus necesidades básicas.

jerarquía establecieran pronunciamientos que entraran en contradicción con la legislación especial, es decir, el Decreto Ley, lacerando el principio de que la norma especial rige sobre la norma general.

Tampoco se incluye el régimen jurídico para cada elemento que conforma las aguas terrestres[12] y todo se debe a que los juristas poco o casi nada se han ocupado del estudio en Cuba, por lo que pensamos sea esta una de las razones por las cuales la institución de los usos se encuentra casi en el olvido. No se halla desarrollada en un espacio particular e independiente como la buena técnica jurídica indica y nos muestra el Derecho Comparado.

Por último, otra cuestión importante es la falta de previsión de los procedimientos para el otorgamiento de usos especiales y privativos de las aguas, cuestiones que deberían encontrarse, al menos, esbozadas en la referida normativa y desarrolladas en su Reglamento o en una ley especial al efecto. Lo relativo a las autorizaciones y concesiones se encuentra fraccionado según el uso particular que se vaya a realizar sobre las aguas y en ocasiones ni siquiera se encuentra regulado.

Igualmente lo relativo al régimen económico y financiero viene dispuesto por la Ley Tributaria y Resoluciones del Ministerio de Finanzas y Precios; su protección de última *ratio* en el Código Penal, etc., y pudiésemos continuar mencionando normas.

Es muy asistemática y dispersa su regulación al igual que la de otros elementos de su régimen jurídico. En esencia, a pesar de existir varias normas jurídicas que regulan cuestiones relativas a las aguas terrestres existe parquedad en cuanto al desarrollo de sus usos. Además no existe coherencia en el articulado del Decreto Ley 138/ 1993 de las aguas terrestres en cuanto a la institución abordada y el tratamiento que se les otorga es meramente proteccionista y de racionalización del recurso.

La segunda razón se encuentra en el hecho de que no existen estudios sobre el tema con una perspectiva jurídica en nuestro país. Los estudiosos del Derecho cubano dejaron desamparada esta institución a lo largo de los años de Revolución, e incluso durante la vigencia de la Ley de aguas española en nuestro país poco sobre el tema se discutió. Lo cierto es que tener bien definidos y determinadas instituciones, conceptos y categorías,

[12] En este sentido *Vid.* Ley de Aguas para la República de Cuba (de 19 de julio de 1879 extensiva a Cuba mediante Real Decreto de 1891) en **SÁNCHEZ ROCA**, Mariano. *Leyes administrativas de la República de Cuba y su jurisprudencia.* Vol. I. Editorial Lex. La Habana. 1942. Pp. 9 y ss. Esta ley dispone, ante todo, lo relativo al dominio de las aguas pluviales, las vivas, manantiales y corrientes, las muertas o estancadas y las subterráneas, para más adelante determinar los diferentes tipos de aprovechamientos sobre ellas que es lo que trataremos como usos de las aguas terrestres.

ayuda a mejorar la forma en que se regularán y tratarán estos temas. En las actuales condiciones de nuestro país donde se busca perfeccionar el modelo económico, los recursos hídricos tienen su espacio[13]. Desarrollar el tema de los usos de las aguas terrestres desde una perspectiva teórica contribuirá a su esclarecimiento en nuestra doctrina y al perfeccionamiento de su régimen jurídico.

Finalmente, algunas motivaciones personales ante el apego al tema, en aras de contribuir con la caracterización teórica del régimen jurídico de las aguas terrestres, determinando sus usos comunes, especiales y privativos y su análisis en el ordenamiento cubano. Se trata de abordar las cuestiones fundamentales para abrir paso al Derecho de Aguas[14] como un sector objetivo y de especial atención en nuestro país[15].

---

[13] Los lineamientos del 300- 303 se encargan de los recursos hidráulicos, el 202 y el 204 sobre la gestión del agua en la agricultura y la industria. *Cfr*. *Lineamientos de la política económica y social del Partido y la Revolución*. Aprobado el 18 de abril de 2011. VI Congreso del PCC.

[14] En este sentido debemos expresar que el Derecho Comparado nos muestra una regulación unitaria para todas las aguas ya sean marítimas o continentales, en nuestro país tal particular se encuentra fraccionado. Igualmente solo dedicaremos este trabajo al estudio de las terrestres como ya hemos mencionado.

[15] Téngase en cuenta que posee un objeto de estudio propio: las aguas, y principios que la hacen independiente: principio de unidad de la corriente y libre transferibilidad. *Cfr*. VERGARA BLANCO, Alejandro. *Derecho de Aguas*. Tomos I. Editorial Jurídica de Chile. Santiago. 1998, "Bases y principios del Derecho de Aguas. En especial de los usos consuetudinarios" en *Revista Anuario*. Facultad de Ciencias Jurídicas Universidad de Antofagasta. 1998. Pp. 119- 123, entre otros.

A mi abuela Juana y a mi tía Otmara
donde quiera que se encuentren.

"Todo lo que se refiere al régimen jurídico de las aguas es, de por sí, grave y complejo. (…) El estudio integral de las aguas, por su índole, es de enciclopedia jurídica"
MARIENHOFF, Miguel S. *Tratado de Derecho Administrativo*. T.: VI.
3ra Ed. Editorial Abeledo- Perrot. Buenos Aires. 2006. Pp. 62y 64.

"El agua corriente, por derecho natural, es común a todos"
PÉREZ ECHEMENDÍA, Marzio L. y ARZOLA FERNÁNDEZ, José L.
Expresiones y términos jurídicos.
Editorial Oriente. Santiago de Cuba.
2009. p. 75.

Capítulo I- Los usos de las aguas terrestres: perspectiva teórica

1. Dominio público. Presentación histórica como categoría jurídica

1.1 Antecedentes en Roma

El dominio público es una categoría de construcción moderna pero su anclaje podemos encontrarlo en el Derecho Romano. Los romanos aunque no lo definieron determinaron su contenido a partir de las facultades que implicaba[16].

Las cosas las dividían en dos categorías; unas dentro del patrimonio de los particulares y otras fuera de su patrimonio. Estas últimas se subdividían en cosas por derecho divino[17] y por derecho humano. Dentro de estas era que se encontraban las *res comunes*, las *res publicae*, las *res universitatis*, las *res private* y las *res nullius*. Pero, esencialmente, las que eran realmente administradas por el Imperio romano eran las cosas comunes, las públicas y las cosas de nadie[18].

En el caso de las cosas comunes se caracterizaban por no ser susceptibles de apropiación individual o de gestión económica y por ello no las regulaba el Derecho; eran dejadas para que todas las personas las usaran[19]. Las cosas públicas por su parte, si eran susceptibles de apropiación pero se reservaban por el Derecho positivo para fines de utilidad pública y uso general de los ciudadanos; pero estas no pertenecían a la humanidad como las anteriores, sino al pueblo romano[20]. Ello quedó de esta forma recogido en el Digesto[21]. En esencia los romanos agruparon los bienes según su finalidad esencialmente. Como vemos estos tipos de bienes permitían su utilización por todos.

Además podemos agregar que dividieron también la propiedad inmueble (*ager romanus*), en *ager privatus* y *ager publicus.* La primera bien conocida por todos, es la que regula el Derecho Civil, es decir la propiedad de los particulares, llámese personal o privada. En el

---

[16] *Vid.* **CAMUS**, E. F. *Curso de Derecho Romano. Derechos reales.* Departamento de Publicaciones de la Facultad de Derecho. Universidad de La Habana. La Habana. 1939. p. 4.

[17] Eran las consagradas a los dioses: *res sagrae*, *res religiosae* y *res sanctae. Vid.* **FERNÁNDEZ BULTÉ**, Julio *et alias. Manual de Derecho Romano*, en Biblioteca Jurídica Virtual. de la Fiscalía General. Versión 1.0. Capítulo V.

[18] *Vid.* **DIHIGO Y LÓPEZ TRIGO**, Ernesto. *Derecho romano.* T.: I. Parte 2. Editorial Félix Varela. La Habana. 2006. p. 218.

[19] *Cfr.* **BONFANTE**, Pedro. *Instituciones del Derecho Romano.* 8va Edición. Editorial Reus SA. Madrid. 1929. p. 237.

[20] *Vid.* **FERNÁNDEZ BUJÁN**, Antonio. *Derecho Privado romano.* 3ra Edición. Iustel. Portal Derecho SA. Madrid. 2010. p. 365.

[21] Digesto I.VIII.I *Cfr. Constitución Deo Auctore y Libro I del Digesto del Emperador Justiniano.* Fondo Editorial de la Pontificia Universidad Católica del Perú. Perú. 1990. p. 129.

caso de la segunda se refería a la propiedad territorial del Imperio romano. En los inicios, si no se le concedían al pueblo podían ser libremente utilizadas[22], lo que nos permite entrever que eran consideradas como cosas comunes.

Sin embargo el esplendor del Imperio romano decayó dando paso así a que la noción de dominio público también sufriera sus embates.

1.2 Época feudal y moderna

Comienza así el período feudal y la noción de estos bienes se transforma en las *iura regalias* o bienes de la Corona[23]. Es decir, ahora existe un soberano que detenta el poder y decide sobre el destino de estos bienes que se han convertido en regalías.

Las regalías consisten en una preeminencia, prerrogativa o excepción particular o privativa que en virtud de suprema potestad ejerce un soberano en su reino o Estado; son los derechos provenientes de la soberanía de los reyes en el Antiguo Régimen. Son derechos exclusivos e inherentes del poder soberano[24].

En España, por ejemplo, los Fueros[25] reconocían tres grandes tipos de propiedad dentro de los Concejos: los bienes comunales que eran de aprovechamiento por todos los vecinos, bienes de propios que pertenecían al Concejo y ayudaban a pagar las cargas del municipio y por último los bienes particulares, los entregados a los vecinos para su uso y disfrute. Algo similar ocurría en las Partidas conformando el ejido de los Concejos las tierras comunes (intransferibles), tierras de propios (inalienables) y tierras de particulares (solares destinados a la edificación y suertes, dedicadas a la labranza), y un ejemplo de las regalías en el Antiguo Régimen español y dispuestos en las Siete Partidas[26] era la de atribuirle al rey el señorío (propiedad) sobre rentas de puertos, salinas y las minas.

---

[22] *Vid.* **FERNÁNDEZ BULTÉ**, Julio. *Siete Milenios de Estado y de Derecho.* Tomo I. Editorial de Ciencias Sociales. La Habana. 2008. Pp. 434 y ss.

[23] *Vid.* **GAY DE MONTELLÁ**, R. y **MASSÓ ESCOFET**, C. Tratado de la legislación de aguas públicas y privadas. Comentarios a los preceptos de la Ley de Aguas, a la legislación complementaria y a la jurisprudencia. 2da Ed. Editorial Bosch. Barcelona. 1949. p. 17.

[24] **MARTÍNEZ DE NAVARRETE**, Alfonso. *Diccionario Jurídico Básico*. Editorial Heliasta S.R.L. Argentina. 1995. p. 389.

[25] De acuerdo con el profesor Santiago A. **BAHAMONDE RODRÍGUEZ** en "La regulación jurídica de la propiedad en Cuba en los siglos XVI y XVII" en *El Derecho como saber cultural. Homenaje al Dr. Delio Carreras Cuevas.* Andry MATILLA CORREA, (Coordinador) *et alias*. Editorial Ciencias Sociales/ Editorial UH. La Habana. 2011. Pp. 119.)

[26] Ley XI, Título XXVIII, Partida Tercera. *Las Siete Partidas del rey don Alfonso, el Sabio, cotejadas por varios códigos antiguos por la Real Academia de Historia.* Imprenta Real. Madrid. 1807. (Cita de Santiago A. **BAHAMONDE RODRÍGUEZ** en "La regulación jurídica...*op. Cit.* Pp. 124.)

Es decir, este vínculo fue constantemente reafirmado y se extendió desde la época medieval hasta el siglo XX con la Primera Guerra Mundial y el final de las monarquías desapareciendo totalmente tras la Segunda Guerra Mundial.

No obstante, a partir del nacimiento de los Estados nacionales y posteriormente, se siguieron considerando jurídicamente vinculados los bienes al Estado y a las Administraciones locales, como titulares de una propiedad pública, estatal, nacional, etc., bajo diversas terminologías[27].

En este momento el "ente superior", ahora con una nueva perspectiva e ideas de territorios plenamente delimitados, población constante, gobierno y soberanía, denominaba a estos como bienes nacionales, de la nación como categoría.

En 1789 estalla la Revolución francesa. Del concepto abstracto y difuso de regalías nació el demanio, como clase especial de estas; pasando a ser un concepto técnico con el advenimiento de la policía[28]. Se mantuvieron las mismas ideas de vínculos estatales con los bienes de aprovechamiento común pero se hacía necesario explicar la actividad reguladora del Estado para con estos. Razón por la cual nace la moderna teoría del *domain public*. A partir de este momento ya no se habla *strictu sensu* de bienes, sino que se prefiere utilizar la categoría dominio público[29]. Es por ello que podemos decir que ese vínculo jurídico y especial siempre ha existido pero ahora lo novedoso es una teoría jurídica dirigida a explicarlo.

Podemos concluir entonces que la categoría dominio público tuvo sus orígenes en Roma pero no fue hasta después de la Revolución francesa que su contenido de perfeccionó.

---

[27] En algunos bienes como las aguas y las minas, se les podían entregar a los particulares, manteniendo el Estado su titularidad y siendo quien los concedía. Se va dando a conocer aquí algo similar a la doctrina de las concesiones administrativas, actualmente conocidas y de gran importancia, recordemos que el Derecho Administrativo tiene su germen, según doctrinas más modernas en la época de luz y esplendor que constituyó la Revolución Francesa, en 1789. *Vid.* VERGARA BLANCO, Alejandro. "Naturaleza jurídica de los bienes nacionales de uso público" *en* Revista *Ius Publicum*. No. 3. 1999. p. 77.

[28] La policía, como actividad nació para evitar y limitar a los sujetos en su libertad, garantizando las "reglas del juego". SORIANO GARCÍA, José Eugenio. *Los fundamentos históricos del Derecho Administrativo en Francia y Alemania.* Instituto de Estudios Constitucionales "Carlos Restrepo Piedrahita". Temas de Derecho Público. Universidad de Externado de Colombia. S/ Año. p. 111.

[29] *Cfr.* DUGUIT, León. *Las transformaciones generales del Derecho Privado desde el Código de Napoleón.* 2da Ed. Traducido por Carlos G. Posada. Francisco Beltrán. Madrid. 1920. p. 168.

1.3 Noción de dominio público: características y naturaleza jurídica

Con la época contemporánea estos bienes se reafirman como de dominio público. Pero la definición doctrinal de esta categoría no siempre fue determinada del modo que hoy lo entendemos y debido a ello surgieron varias teoría para explicarlo.

La primera noción que se tiene sobre el dominio público es la patrimonialista. Lo que la distingue es que plantea que el dominio público es una forma de propiedad inalienable e imprescriptible e institución de la afectación de las cosas a la utilidad pública[30]. No incluye a la publificación y esta es una de las críticas.

Una segunda teoría son los criterios intermedios. Se subdividen en criterios sobre bienes de dominio público por naturaleza y criterios sobre bienes de dominio público por afectación. En relación a los primeros eran aquellos proporcionados por la naturaleza y cuyo dominio era necesario, en los casos más extensos, frecuentes e importantes del Estado no coincidiendo siempre los bienes de dominio natural con los de uso público, siendo un ejemplo las minas y las aguas. En el segundo caso, sin embargo, se planteaba que la afectación era figura clave, medular y fundamental del dominio público, además los bienes demaniales necesitan para ser tales de la titularidad y el destino como requisitos. Sobre todo la *afectación,* no como título de propiedad sino como título único de potestades sobre los bienes de dominio público.

La tercera teoría plantea que el dominio público antes que un conjunto de bienes es un soporte jurídico de potestades. Un título jurídico de intervención que lo que permite es que la Administración sea titular y esté en una posición jurídica hábil para disciplinar las conductas de quienes utilizan las cosas calificadas como públicas, de uso público. Le confiere a los bienes públicos las características de inalienabilidad e imprescriptibilidad, cuya configuración no puede ser sobre la base del concepto de propiedad, lo que supondría plena disposición sobre el objeto; sino sobre el concepto jurídico de potestades administrativas. En esencia, para esta corriente los bienes públicos son cosas destinadas a un determinado fin bajo la administración y gestión de los poderes públicos pero que son el soporte jurídico material de potestades.

Dentro de esta noción, se trata el tema de la *publicatio*. Ello no es más que la publificación de ciertos bienes en razón de su destino. No es más que el título formal de potestades

[30] *Vid.* VERGARA BLANCO, Alejandro. "Naturaleza jurídica de..." *op. Cit.* Pp. 74 y ss. Seguiremos su sistemática para referir dichas teorías.

administrativas que la Administración se arroga sobre determinados sectores. Constituye la técnica que utiliza el Estado para intervenir como declaración previa y global de la publificación de todo el sector. Implica a su vez, la exclusión de estos bienes de las posibilidades de apropiación privada por cualquier medio o vía del Derecho Civil[31]. En fin, la *plublicatio* es requisito previo y que otorga a partir de las potestades conferidas para administrar ese conjunto de bienes, legitimidad y legalidad a la actuación estatal.

A nuestra consideración, la más acertada es la última, la concepción funcionalista, pues hace alusión al contenido de la categoría dominio y bienes públicos, determinando la existencia de un título de intervención de la Administración para una afectación al uso común dado por las potestades administrativas. No cabe dudas, el dominio público es un conjunto de bienes corporales y/ o incorporales pero con caracteres *sui generis*. Estos pueden resumirse en el deber de ser afectados para un fin con alcance pleno de los particulares: uso común o exclusivo, según su naturaleza; y se encuentran bajo la gestión y administración de los poderes públicos. Además deja entrever que son imprescriptibles, inalienables e inembargables.

Varios son los autores que intentaron definirlo a partir de la corriente que defendieran. MAYER[32] por ejemplo, se pregunta qué es la propiedad pública, a lo que responde que es simplemente la propia idea de propiedad civil transportada a la esfera del Derecho Público y, por tanto, modificada. Sin dudas tuvo razón por cuanto la relación que existe entre el Estado con este tipo de bienes es diferente a la propiedad civil, comenzando por su régimen jurídico que es público; mas no llegó a definir el contenido de esta institución.

MARIENHOFF[33] por su parte, define al dominio público como aquel conjunto o suma de bienes que, de acuerdo con el ordenamiento jurídico, pertenecen a la comunidad política pueblo hallándose destinados al uso público de los habitantes, directa o indirectamente. Como vemos hace alusión a un conjunto de bienes que se ponen a disposición de la sociedad buscando satisfacer necesidades comunes.

---

[31] Es en el sentido de hacer público, colocarlo al uso común, de todos. **VERGARA BLANCO**, Alejandro. "Naturaleza jurídica de..." *op. Cit.* Pp. 79- 81.

[32] **MAYER**, Otto. *Derecho Administrativo alemán*. T.: III. Editorial De Palma. Buenos Aires. 1951. p. 111.

[33] *Cfr.* **MARTÍN**, Liber. *Derecho de aguas. Estudio sobre el uso y dominio de las aguas públicas.* Editorial Abeledo-Perrot. Buenos Aires. 2010. p. 63.

DROMI[34] sin embargo plantea que es un conjunto de bienes de propiedad de una persona pública que, por los fines de utilidad común a que responden, están sujetos a un régimen jurídico especial de derecho público. Determina así su contenido sometido a un régimen jurídico público, quien será su titular y el fin de utilidad que los caracteriza.

Para GARCINI[35] en cambio, las cosas públicas son aquellas que forman parte del patrimonio administrativo y se utilizan por la Administración para el desempeño de sus funciones. Se refiere entonces al dominio público como un conjunto de cosas que utiliza el Estado para hacer frente a su actuar destinándolos a la satisfacción de los intereses colectivos.

Pero pensamos que ROMAGNOSI[36] nos esclarece este tema concretamente, determinando cuatro requisitos esenciales para que una cosa pueda llamarse pública. Primero deben ser declaradas como públicas legalmente, es decir, a través de una disposición jurídica que le otorgue este carácter; deben presentar de hecho la posibilidad de uso por parte de la mayor cantidad de ciudadanos, lo que no significa que ello quite el derecho de uso privativo. Además debe dar lugar a un derecho de uso de cualquier tipo y por supuesto la Administración permitirlo y propiciarlo. Por último ser susceptible de ser restituido íntegramente a los usos públicos tras haber servido al particular.

Igualmente, BALBÉ[37] definió los elementos intrínsecos del dominio público. Aquí plantea que está conformado por un elemento subjetivo que ha de ser un ente público o una persona jurídica pública (como por ejemplo un ente territorial o no) quien posea los bienes; un elemento objetivo constituido por todos los bienes bajo la tutela del Estado, ya fuesen corporales o incorporales. Hacía alusión también a un elemento normativo, fundamental, por cierto, y decía que el régimen era de derecho público, condición *sine qua non* de la dominialidad; de lo contrario seguiría siendo de dominio privado. Por último se refiere a un elemento teleológico que básicamente determina la dominialidad, la destinación directa de las cosas a la función pública. La crítica que se le podría realizar es que partió de la teoría patrimonialista por lo que no tuvo en cuenta al dominio público como soporte jurídico de potestades.

---

[34] *Vid.* **DROMI**, Roberto. *Derecho Administrativo*. Ediciones Ciudad Argentina. Argentina. 1999. p. 553.

[35] *Vid.* **GARCINI GUERRA**, Héctor. *Derecho Administrativo.* Editorial Pueblo y Educación. La Habana. 1986. p. 177.

[36] *Vid.* **GAY DE MONTELLÁ**, R. y **MASSÓ ESCOFET**, C. *Tratado... op. Cit.* p. 47.

[37] **BALBÉ**, Manuel. "Concepto del dominio público*" en Revista Jurídica de Cataluña*. No. 5. Noviembre- Diciembre. Casa Editorial Bosch. Barcelona. 1945; **BALBÉ**, Manuel. "Las reservas demaniales" en *Revista de Administración Pública.* Enero- Abril. No.4. Centro de Estudios Políticos y Constitucionales. 1951.

Por todo ello podemos concluir que el dominio público tiene como característica fundamental el ser un conjunto de bienes declarados legalmente como propiedad de las Administraciones públicas debido a su utilidad para la sociedad por lo que se destinan a un fin común. Es susceptible de ser utilizado por los individuos ya sea común, especial o privativamente. Además son cosas fuera del comercio por lo cual son inalienables; además de ser imprescriptibles puesto que ningún particular podrá ganar el dominio público como tal debido a su contenido como instrumento de la función pública[38], e inembargables no pudiendo ser objeto de retención, traba o secuestro por mandamiento del juez o de la autoridad competente[39], lo que se explica en el destino que se les otorga. Lo esencial es que son un conjunto de bienes, no susceptibles de apropiación privada que se deben afectar a un fin común permitiendo su uso por todos y que se regulará según el Derecho Público.

1.3.1 Naturaleza jurídica

Ahora bien, sobre la naturaleza jurídica del dominio público han existido tres teorías, todas partiendo de si estos bienes son o no objeto de un verdadero derecho de propiedad.
Una de las teorías defendía que estos bienes eran propiedad privada del Estado[40]. En este sentido estos bienes dominiales están sujetos en parte al Derecho público y en parte al Derecho privado. Son objeto de propiedad jurídico- civil como los bienes privados pudiendo incluso llegar a pertenecer a los particulares. Pero el propietario (sea la Administración o un particular) puede o no ejercer su derecho siempre en razón al destino público derivado de la afectación, aunque la afectación no guarda una necesaria relación con la propiedad del futuro bien dominial[41]. Como observamos esta tesis no es correcta a nuestro entender, por cuanto tales bienes, si bien se encuentran dentro del patrimonio estatal no poseen un régimen privado y la razón la otorga el destino que se asigna. El Estado siempre podrá disponer de ellos pero su límite de actuación está en ese interés público y afectación al uso común, lo que la convierte en un tipo de propiedad especial.

---

[38] GARCÍA DE ENTARRÍA, Eduardo. "Sobre la imprescriptibilidad del dominio público" en *Revista de Administración Pública*. No. 13. Enero- Abril. 1954. p. 48.

[39] PAREJO ALFONSO, Luciano. *Lecciones de Derecho Administrativo*. 3ra Ed. Tirant lo Blanch. Valencia. 2010. p. 853.

[40] PAREJO ALFONSO, Luciano. "Dominio público: un ensayo de reconstrucción de su teoría general" en Revista de Administración Pública. No. 100- 102. 1983. p. 2393.

[41] PAREJO ALFONSO, Luciano. "Dominio público:... *op. Cit.* p. 2397.

Otra, defendida por Proudhon, planteaba que las cosas comunes y las públicas no eran propiedad de la Corona y que, por tanto, el Estado solo tenía poderes de guarda y vigilancia en atención al fin de utilidad pública[42]. Esta tesis expone que sobre los bienes de dominio público no hay un derecho de propiedad del Estado debido a que aunque el título mediante el cual se adquieran tiene naturaleza privada, su régimen de uso público no lo es; y con solo destinarse al uso público dejan de estar en su patrimonio por no ser susceptibles de propiedad ni posesión. Por tanto el Estado solo ejerce una función de reglamentación de uso[43]. Lo cierto es que esta tesis coloca a los bienes de dominio público fuera del patrimonio del Estado. A nuestra consideración tal afirmación no es correcta. Estos bienes, si bien son destinados a un fin público, forman parte del patrimonio estatal, este puede disponer sobre él como estime con el único límite del interés común. Son bienes que si bien la Administración no utiliza directamente forman parte de su dominio.

Pero esta tesis no resolvió las discusiones existentes. Hauriou sin embargo, impulsó la tesis de que estos bienes pertenecen al Estado y que son un tipo de propiedad administrativa y que por ello posee características especiales[44]. Es decir, el dominio público es un tipo de propiedad pública, administrativa afectada al interés y la utilidad pública. Es esta la tesis más acogida, y consideramos que es la que mejor explica la verdadera naturaleza jurídica de este conjunto de bienes dado que defiende que sobre ellos existe un verdadero derecho de propiedad, se encuentran dentro del patrimonio del Estado, solo que éste debe disponer de ellos siempre en atención al cumplimiento de su fin último y de aquí esas características especiales de la relación Administración- bienes de dominio público. Además ello permitirá el uso por parte de todos.

Son estas las tres tesis sobre la naturaleza jurídica del dominio público y todas nos reiteran un elemento: el uso por todos de estos bienes.

1.4 Usos del dominio público

Como hemos venido refiriendo, una de las características de los bienes de dominio público para ser considerados como tal es el ser susceptible de uso por parte de todos. Esto se

---

[42] **PAREJO ALFONSO**, Luciano. "Dominio público:... *op. Cit.* p. 2394.

[43] **BIELSA**, Rafael. *Derecho Administrativo.* T.: III. 5ta Ed. Editor Roque de Palma. Buenos Aires. 1956. Pp. 387 y ss.

[44] **F. DE VELAZCO**, Recaredo. "Naturaleza jurídica del dominio público según Hauriou" en *Revista de Derecho Privado.* T.: III. Enero- Diciembre. 1921. p. 231.

refiere a que cada individuo puede hacer uso de cualquier bien que conforme el demanio público debido a su utilidad y afectación para tal sin necesidad de autorización por parte de la Administración. Pero ello no evita que en ocasiones estos usos sean ya no solo para todos sino para un conjunto de personas individualizadas.

Por ello existen diferentes tipos de usos sobre cualquiera de los bienes de dominio público y el criterio clasificatorio. Serán usos domésticos, agrícolas, industriales, etc.[45]. No obstante nos centraremos en determinar los usos jurídicamente.

Para algunos autores[46] estos se clasifican en usos comunes y usos privativos; para otros[47] la definición es más amplia y agregan los usos especiales. Nosotros nos afiliamos a esta última clasificación.

1.4.1 Usos comunes. Usos generales y usos especiales

También llamados usos de todos son aquellos que manteniéndose en el ámbito de lo privado puede realizar cualquier persona. Este tipo de uso se caracteriza por no excluir a ningún ciudadano de su ejecución. Así mismo son derechos preexistentes a la propia realización efectiva de estos[48]. No requiere tampoco ocupación del bien. Su acceso es totalmente libre y serán siempre actividades que no revistan un servicio público. Dentro de este tipo de uso encontraremos a su vez a los usos generales y a los usos especiales.

Usos generales

Los usos generales pueden identificarse directamente con los usos comunes *strictu sensu*, debido a que responden a ser aquellos que son innatos a los individuos como miembros de la comunidad, siempre que tales bienes aparezcan afectados como de dominio público. El Estado es quien prepara las condiciones para él y no lo constituye, como sucede en otros casos. Con la simple declaración de su afectación a un fin común se infiere su

---

[45] *Vid.* CARÓ- PATÓN CARMONA, Isabel. *El derecho a regar. Entre la planificación hidrológica y el mercado del agua.* Editorial Marcial Pons. Madrid. 1997; JIMÉNEZ- BLANCO CARRILLO DE ALBORNOZ, Antonio. "Notas sobre el régimen jurídico de la energía termosolar" en *Agua y energía.* Antonio EMBID IRUJO (Director). Editorial Aranzadi SA. Navarra. 2010.

[46] Entre ellos Marienhoff y Dromi. *Vid.* MARIENHOFF, Miguel S. *Tratado... op. Cit. Passim. y* DROMI, Roberto. *Derecho... op. Cit.* p. 564.

[47] Encontramos a Morillo Velarde y a Parejo Alfonso. *Vid.* MORILLO VELARDE PÉREZ, José Ignacio. *Dominio Público.* Editorial Trivium SA. Madrid. 1992. p. 128; y PAREJO ALFONSO, Luciano. "El régimen jurídico del agua y la protección de los humedales en Italia" en *Revista de Administración Pública.* No. 129. Septiembre- Diciembre. 1992. p. 474.

[48] *Vid.* GARCINI GUERRA, Héctor. *Derecho... op. Cit.* p. 179.

reconocimiento[49]. Pero el hecho de que sea libre no significa que sea ilimitado; siempre que no sea compatible con el uso de los demás, con la naturaleza y con las características específicas del bien se podrá realizar[50].

Usos especiales

Los usos especiales por su parte son aquellos en los que concurren especiales circunstancias como la peligrosidad, la intensidad, la escasez, la rentabilidad, etc. y que por ello requieren de una habilitación por parte de la Administración[51]. Según PAREJO[52] este es un uso residual y por ello el legislador lo refiere casi siempre como aprovechamiento y no como uso. No pensamos del mismo modo que este autor. Para nosotros los usos especiales se mantienen como un tipo de uso común con toda la objetividad que merece. Tiene características propias pero lo que lo coloca en este sitio es que no impide el uso por los demás y las actividades que se consideran dentro de él no trascienden la esfera privada y mucho menos constituyen servicios monopólicos del Estado. Además estas poseen gran importancia si bien otorgan un enriquecimiento particular al sujeto al cual se le otorgue. Y es precisamente debido a las especiales características que revisten estos usos es que se requerirá de un título habilitante de menor envergadura que declare la permisión de este derecho. Para ello encontramos las figuras de la autorización y el permiso. No obstante, colocarlo en una u otra clasificación dependerá del tratamiento que cada ordenamiento jurídico le otorgue.

Igualmente no satisface necesidades colectivas sino más bien personales del sujeto que realiza el uso. Posee un carácter reglado puesto que amén de existir previamente el derecho se debe cumplir con los requisitos que la ley establezca y no de modo discrecional puede llegarse a tal debido a los caracteres de la actividad. Es también oneroso puesto que se debe pagar un canon en contrapartida por el beneficio patrimonial que se podrá obtener. Además se encuentra limitado temporalmente y siempre que tales bienes continúen siendo públicos. Estos caracteres son los que brindan un punto de enlace con los usos privativos que a continuación explicaremos.

---

[49] **DROMI**, Roberto. *Derecho... op. Cit.* p.187.

[50] **PAREJO ALFONSO**, Luciano. *El régimen de utilización de los bienes y derechos de dominio público: autorizaciones y concesiones.* Universidad de Carlos III. S/Ed. Madrid. S/Año *p. 5.*

[51] **MORILLO VELARDE PÉREZ**, José Ignacio. *Dominio... op. Cit.* p. 128.

[52] **PAREJO ALFONSO**, Luciano. *El régimen...op. Cit. p. 6.*

1.4.2 Usos privativos

Estos usos se comprenden por aquellos que revisten de una envergadura tal que trascienden el ámbito de lo privado para convertirse en actividades que solamente puede realizar la Administración pública o alguna persona que para ello designe. Esta naturaleza hace que excluya y limite su realización por el resto de las personas.

Entre sus características encontramos que en primer lugar supone un acto expreso del Estado quien será el encargado de permitir efectivamente su realización. Por ello es que no resulta ser un derecho innato al ser humano como lo son los usos comunes sino corresponden solo a aquellos que el Estado los reconozca[53]. Sus caracteres son, esencialmente, los descritos como elementos semejantes con los usos especiales pero es necesario agregar que igualmente por las particularidades de la actividad se requiere de un título habilitante, pero esta vez de mayor envergadura dado que ya se produce una apropiación de estos bienes al ser su soporte, si bien deben destinarse al uso en interés de la comunidad y de acuerdo a lo que establezca el título habilitante que en este caso resulta ser la figura de la concesión. Sobre todo, este tipo de uso se refiere, esencialmente a actividades que los Estados han declarado como servicios públicos u otras que solamente a él le corresponde brindar. En esencia, este uso limita su acceso por el resto de los individuos y trasciende la esfera privada puesto que su ejecución se revierte en un interés colectivo y no personal como en los usos especiales.

1.5 Nociones sobre los títulos habilitantes relacionados con los usos de los bienes de dominio público.

1.5.1 El reconocimiento legal

El reconocimiento legal no es en sí mismo un título habilitante[54] en sentido estricto pero no es menos cierto que cuando la propia norma jurídica reconoce como dominio público a determinados bienes puede y debe interpretarse, como regla general, que ha habilitado su uso para todas las personas. Es decir, ha manifestado su interés en que tales sean realizados sin necesidad de reconocimiento de un derecho preexistente o posterior. En esencia se reconoce y dispone que no se necesite de posteriores permisiones de la

---

[53] **DROMI**, Roberto. *Derecho ... op. Cit.* p. 564,

[54] Los títulos habilitantes pueden definirse como aquella figura que se concreta en una decisión de la Administración Pública producto del ejercicio de una potestad habilitante. *Vid.* **ARROYO JIMÉNEZ**, Luis. *Libre empresa y títulos habilitantes*. Centro de Estudios Políticos y Constitucionales. Madrid. 2004. p. 328.

Administración, ella es más que suficiente. Por ello la hemos referido como un título habilitante si bien no se requiere de su presentación previa para la realización del uso en cuestión. Además la propia norma determina las condiciones y los límites de tales aprovechamientos lo cual cumple con los requisitos del resto de los títulos de habilitación[55].

1.5.2 La autorización y el permiso

Estas figuras son representativas de títulos habilitantes por cuanto reflejan una decisión permisiva o no de la Administración. Ellas son las utilizadas para el otorgamiento de los usos comunes especiales sobre los bienes de dominio público. A pesar de distinguirse suelen confundirse a menudo estas figuras y no pocas son las discusiones que sobre el tema se esgrimen. No obstante esbozaremos brevemente sus definiciones y características.

La autorización es un acto administrativo de carácter declarativo en virtud del cual una persona queda facultada para ejercer determinada función[56]. Por su parte para DI PIETRO[57] la autorización es el título administrativo mediante el cual se destina a los intereses del particular, determinada actividad que se encuentre dentro del marco de lo privado. La autorización es en esencia un acto administrativo de carácter unilateral, la Administración reconocerá un derecho preexistente. Su finalidad esencial es controlar preventivamente si el ejercicio de un derecho se ajusta y armoniza con el interés general[58].

Es decir, las características de la autorización podemos resumirlas de la siguiente forma: es un acto administrativo unilateral, de naturaleza declarativa, cuyo fin es verificar si el derecho existente no rompe con el interés de la comunidad y revocable unilateralmente por razones de interés público sin generar derecho a indemnización[59]. Se trata entonces de determinar si el uso que se pretende realizar, de ser permitido, no constituye una limitación en los derechos de terceros.

---

[55] *Cfr.* **FLORES MULERO**, Isabel y **TURUEL LOZANO**, Germán M. "Derecho de agua. Títulos jurídicos para el aprovechamiento del dominio público hidráulico" en *Anales de Derecho de la Universidad de Murcia*. No. 25. 2007. p. 533.

[56] *Vid.* **CALAFELL**, Jorge E. "Teoría general de la concesión" en *Jurídica- Anuario*. S/Ed. S/Ciudad. S/Año. p. 219.

[57] *Cfr.* **ZANELLA DI PIETRO**, Maria Sylvia. *Direito Administrativo*. 24ª Ed. Editora Atlas SA. Sao Paulo. 2011. p. 730.

[58] *Vid.* **Colectivo de Autores**. *Enciclopedia Jurídica Básica*. Vol.: I. Editorial Civitas. S/A. p. 712.

[59] *Vid.***PAREJO ALFONSO**, Luciano. *Lecciones de... op. Cit.* p. 854.

En cuanto al permiso, se dice que es el acto que habilita al particular al ejercicio de un derecho, que en principio, está prohibido[60]. Para DROMI[61] es un acto administrativo de carácter unilateral donde no se le atribuye valor alguno a la voluntad del administrado en la formación o nacimiento del mismo; para él ni se autoriza ni se delega, sino que se tolera la realización de un uso que no estaba permitido. En nuestra opinión, permiso y autorización si bien doctrinalmente cuentan con algunas diferencias en el sentido de que una habilita para la realización de una actividad permitida y otra permite realizar una que en principio estaba prohibida, responden ambas a la habilitación de los usos especiales; por tanto la aplicación de uno u otro dependerá de cómo se regule en cada ordenamiento jurídico específico.

Expongamos algunas diferencias que establece BADELL[62] en su citada obra y resumen lo anteriormente expresado. En cuanto a la preexistencia de un derecho sí existe en el caso de la autorización, no así en el permiso. Este último es precario, a diferencia de la autorización. Sin embargo ambas son actos unilaterales de la Administración, que responden a un interés privado y que por tanto el número de sujetos beneficiarios se encuentra limitado. Como vemos son más las semejanzas que las diferencias y a nuestra consideración ello reviste cuestiones prácticas, ambas poseen el mismo fin.

1.5.3 La concesión administrativa

Por último pero no menos importante tenemos a la concesión administrativa. Su naturaleza jurídica es muy controvertida por lo que requiere de un análisis extenso que desbordaría el contenido de este trabajo. No obstante enunciaremos que las más difundidas son las tesis contractuales y la tesis del acto administrativo[63].

Para DI PIETRO se refiere a un contrato que se otorga ante *uma prestação de serviço de utilidade pública*; es decir se otorgará una concesión solamente cuando el uso revista las características de un servicio de utilidad pública. Razonamiento con el cual coincidimos. La figura de la concesión responde a los usos privativos de los bienes de dominio público

---

[60] *Cfr.* **BADELL**, Rafael. *La concesión administrativa.* S/Ed. S/ Ciudad. S/Año. p.255.

[61] *Cfr.* **DROMI**, Roberto. *Derecho... op. Cit.* p. 566.

[62] *Vid.* **BADELL**, Rafael. *La concesión... op. Cit.* p. 256.

[63] *Vid.* **MATILLA CORREA**, Andry. *Introducción al régimen jurídico de concesiones administrativas en Cuba.* Editorial Universitaria. La Habana. 2009. Pp. 76 y ss. El citado autor realiza un análisis extenso sobre cada una de las teorías sobre la naturaleza jurídica de las concesiones administrativas.

Cfr. **ZANELLA DI PIETRO**, Maria Sylvia. *Direito... op. Cit. Idem.*

lo que nos permite entrever que estas actividades trascienden la esfera de los particulares, son aquellas que el Estado se ha reservado para sí puesto que son las mínimas indispensables para lograr su fin último. Por supuesto la determinación de las mismas dependerá de la determinación de los servicios de utilidad pública. Se efectuará en régimen de concurrencia u otorgamiento directo, todo lo cual debe quedar formalizado en documento administrativo[64].

Pero las características que definen a las concesiones son esencialmente, a nuestra consideración, las siguientes: constituye un acto administrativo, de naturaleza bilateral y constitutiva, que habilita a la persona que lo posea a realizar un uso privativo que constituye una actividad monopólica del Estado, una actividad prestacional de servicio público. Igualmente permite que el individuo se apropie del bien en cuestión debido a que sobre él nace todo derecho.

Así mismo esta figura en ocasiones es confundida con la autorización otorgándose mediante aquella un uso privativo y no mediante la concesión. Para diferenciarlas podemos establecer la inexistencia de un derecho con anterioridad, el número de beneficiarios ya no se encuentra limitado por la propia naturaleza del uso que se refiere a un interés público y general. La única semejanza que poseen es la de no ser precarias. Por tanto vemos como estas figuras son muy diferentes y responden al reconocimiento de diferentes tipos de usos sobre el dominio público.

2. Aguas terrestres y dominio público: aproximación histórica

Para proseguir nuestro estudio es necesario realizar un recorrido por la historia de las aguas terrestres. Tengamos en cuenta que siempre los grandes acontecimientos de la humanidad han estado ligados al agua. Moisés fue salvado por las aguas del Nilo, Jesucristo pasó su vida entre pescadores, en la Santa Biblia el paraíso se encuentra rodeado por un río, los egipcios tomaron como dios al río Nilo, el molino de agua fue la primera máquina propiamente dicha en cuanto a la puesta al servicio de la producción, etc.[65]

---

[64] *Cfr.* PAREJO ALFONSO, Luciano. *Lecciones de... op. Cit.* p. 854.

[65] *Vid.* MARIENHOFF, Miguel S. *Tratado de Derecho Administrativo*. T.: VI. 3ra Ed. Editorial Abeledo- Perrot. Buenos Aires. 2006. Pp. 48 y ss.

Roma

Comencemos por Roma puesto que es aquí donde encontramos referencias legales sobre las aguas terrestres las cuales incidieron en los posteriores ordenamientos jurídicos y han subsistido hasta nuestros días[66].

Ya dijimos que los romanos dividían las cosas en comunes (*communis* o *res nullius*), públicas y privadas[67]. Dentro de las primeras se encontraban las aguas de mar, las provenientes de la lluvia, las que corrían por los barrancos y las de los ríos no navegables las cuales denominaban *aqua profluens* [68]. Respecto a todas ellas se permitía su uso para la bebida, el lavado, la abrevación, etc. Es decir, cualquier uso para la satisfacción de las necesidades más básicas, fisiológicas e higiénicas del ser humano por derecho natural y de los animales de labor.

Las aguas públicas eran aquellas que corrían por grandes ríos, los canales y las que formaban lagos y estanques, todos destinados a los usos públicos de la navegación[69]. Estas eran estrictamente del Imperio por lo que este debía disponer su uso común para realizar las actividades que su naturaleza permitiese, especialmente navegar y pescar.

Dentro de estas se incluían las aguas navegables o flotables que podían ser estrictamente públicas o afectas a un servicio público. Las primeras para los romanos eran verdaderos caminos. Si soportaban el paso de barcas y balsas no se permitía desviar aguas puesto que tal podría convertir en menos navegable la corriente[70]; en tanto si el río no era navegable se permitía su uso para la irrigación.

---

[66] Es así que si realizamos un análisis de las principales legislaciones sobre aguas veremos cómo estas ideas se manifiestan, regulando entre ríos navegables y no navegables, aguas perennes y no perennes, etc.

[67] *Vid.* **PASTOR Y ALVIRA**. *Julián. Manual de Derecho Romano según las Instituciones de Justiniano.* 4ta Edición. Imprenta de los hijos de Gómez Fuentenebro. Madrid. 1914. p. 155.

[68] *Et quidem naturali iure communia sunt omnium et haec: aqua profluens et mare, et per hoc litora maris...* (y por derecho natural son en verdad comunes a todos estas cosas: el aire, el agua corriente y el mar, y por lo mismo las costas del mar…). *Vid.* **GALLEGO ANABITARTE**, Alfredo, **MENÉNDEZ REXACH**, Ángel y **DÍAZ LEMA**, José Manuel. *El Derecho de Aguas en España*. T.: I. Ministerio de obras públicas y urbanismo. Madrid. 1986. p. 110.

[69] *Flumina autem omnia et portus publica sunt; ideoque ius piscandi omnibus commune est in portu fluminibusque.* (… todos los ríos y los puertos son públicos, y por tanto es común a todos, el derecho de pescar en el puerto y en los ríos.) *Vid. El Digesto de Justiniano. Constituciones preliminares y libros 1-19.*T.: I. Editorial Aranzadi. Pamplona. 1968. p. 69.

[70] En cambio permitían la carga y descarga de los buques y las balsas, el amarre a sus árboles, la pesca, la extracción de agua y abrevación del ganado, etc. a todos los ciudadanos del Estado fueren o no ribereños y a los extranjeros. Digesto I. VIII. V. *Vid. Constitución Deo Auctore... op. Cit.* p. 129.

Quedaba prohibida la construcción de obras o presas de agua, para ello se requería previa autorización del pretor o en ciertos casos la cesión especial del Príncipe[71]. No ocurría exactamente del mismo modo con las aguas no navegables en las cuales solo podían realizarse estas construcciones hidráulicas con un permiso especial del Soberano y por su cualidad de superfluas podían concederse siempre que conservaran ese carácter. Pero existían dos tipos más de aguas públicas no navegables, los estanques y lagos[72]. Eran susceptibles de ser cedidas convirtiéndose de públicas a privadas. Por tanto, públicas eran solamente las de los ríos perennes y las corrientes públicas navegables.

Como vemos, la principal diferencia entre aguas comunes y aguas públicas era que, aunque ambas se encontraban a disposición de todos, en cuanto a las primeras su uso y abuso nacía por derecho natural, mientras que las segundas pertenecían al *populus* romano y solo podían ser utilizadas por él, amén de que en alguna circunstancia se les reconociera también a los extranjeros. Es así que su uso se desprendía de la propiedad como la entendían los romanos, era perfectamente posible su apropiación pero para destinarlo a un fin público.

Lo cierto es que los romanos destinaron a la comunidad y sustrajeron de la ley a aquellas corrientes de agua que eran esenciales y necesarias a la vida del ser humano; y destinaron al uso público aquellas que resultaban en interés de la comunidad en su conjunto.

Por último tenemos a las *aqua privata*[73] que eran las pequeñas corrientes de agua que nacían en fundos privados o formaban lagos o estanques destinados a los usos de los ribereños y de quienes estos permitiesen. Tales debían ser inconstantes, de lo contrario eran públicas. Se encontraban dentro del comercio por lo que eran enajenables y prescriptibles.

Es decir, las distinciones entre los tipos de aguas, en resumidas cuentas, dependían del fin que tuviesen y de la magnitud que representasen sus cauces: comunes, públicas o privadas según su fluencia y aplicación a la flotación y la navegabilidad.

---

[71] *Cfr.* GAY DE MONTELLÁ, R. y MASSÓ ESCOFET, C. *Tratado... op. Cit.* p. 15.

[72] *Vid.* PASTOR Y ALVIRA. *Julián. Manual... op. Cit. p. 156.*

[73] GAY DE MONTELLÁ, R. y MASSÓ ESCOFET, C. *Tratado... op. Cit.* p. 17.

Época intermedia y medieval

Por su parte, los Capitularios de Carlomagno disponían que las vías maestras y las corrientes de agua dependieran de la jurisdicción del Conde y de su Lugarteniente[74]. Al principio solamente tenían los poseedores el dominio útil pero siempre que viviera el concesionario; más tarde pasaron a convertirse en patrimoniales y hereditarios estos beneficios convirtiéndose en feudos.

Con el decaimiento del Imperio romano y la invasión bárbara todo el sistema jurídico que habían construido los romanos padeció una profunda perturbación. Los bienes públicos, especialmente las pequeñas corrientes, ensenadas de las costas, etc. fueron objeto de apropiación por los particulares. Los ciudadanos no podían y no sabían cómo ejercitar la tutela de las cosas públicas, entonces apareció la figura del Príncipe para ello. Se fue conformando así la teoría jurídica de las regalías la cual estuvo vigente hasta fines del siglo XVIII. Esta potestad se extendía al *imperio*, la *jurisdicción* y el *dominio patrimonial* de las cosas y dimanaba del derecho de propiedad ganado tras la conquista. Tal se ejercía sobre el suelo y sobre las aguas. Pero no sobre todas, efectivamente sólo se ejercía sobre las grandes corrientes y las de importancia[75]. El soberano podía enajenar, vender o ceder su propiedad y su uso. Se infiere entonces que las pequeñas corrientes fueran o no constantes, eran susceptibles de apropiación privada; el resto siempre pertenecían al patrimonio de la Corona.

Nadie podía hacer uso de las mismas sin una licencia real[76] o merced de aguas. Los Reyes tenían como objetivo principal con esto el cobro de tributos. Además existía una "cadena de utilización" sobre las aguas. De forma general el Rey tenía bajo su dominio a los ríos; los señores de las tierras poseían los pequeños ríos y los terratenientes los arroyos[77].

En esta época, la legislación del Antiguo Régimen en Castilla era bastante oscura e incompleta en relación con las aguas; sumamente escasa pudiera decirse. Ni en los antiguos Códigos del Fuero Juzgo, ni en el Fuero Viejo y tampoco en el Ordenamiento de Alcalá encontraremos referencias directas a la materia de aguas. No obstante, en el Fuero

---

[74] *Cfr.* GAY DE MONTELLÁ, R. y MASSÓ ESCOFET, C. *Tratado... op. Cit.* p. 19.

[75] *Cfr.* GAY DE MONTELLÁ, R. y MASSÓ ESCOFET, C. *Tratado... op. Cit.* p. 17.

[76] Es lo que hoy conocemos como concesiones administrativas.

[77] GAZZANIGA, Jean- Louis. "¿A quién pertenece el agua?" en *Revista de Derecho de Minas y Aguas.* Vol. III. 1992. p. 170.

Juzgo, existieron varias disposiciones sobre las aguas, pero referidas a los usos de los ríos, sobre la pesca y alguna que otra disposición de tipo penal[78].

En cuanto a las Partidas de Alfonso el Sabio, tengamos en cuenta que se publicaron cuando aún el riego no tenía gran importancia, por lo cual no le otorgó valor al dominio de las aguas con caudalosas corrientes. Ellas se limitaban a declarar el uso común de los ríos y a prohibir la construcción de obras hidráulicas en los navegables; mas de los no navegables nada se dispone, tampoco sobre la derivación de las aguas que pudieran realizar los ribereños. Esto, desde cierto punto de vista, nos da una medida de como la teoría justinianea se manifiesta durante este período; se continuaba la distinción entre los ríos navegables y los no navegables[79]. Aunque no tuvieron un título dedicado a las aguas es posible encontrar referencias a los ríos, las aguas y las diferentes formas de aprovechamiento de ellas. Ellas contenían hasta finales del siglo XVIII el régimen jurídico de las aguas en Castilla y pervivió hasta que se promulgó la Ley de aguas de 1866.

Un ejemplo es en relación al libre aprovechamiento de los ríos, PIQUERAS nos sigue comentando, que estaba condicionado a no entorpecer la navegación; también se establecieron servidumbres forzosas de salvamento y desembarque sobre las riberas de los ríos que eran de dominio privado. Los pozos y las fuentes formaban parte del fundo en que se ubicaran; es decir eran privados y sus dueños, siempre que no fuera de mala fe, podían utilizar y disponer libremente de estas aguas, aun cuando disminuyese o privara a una fuente o pozo vecino. En el caso de los ríos no navegables no existían normas precisas, pero su agua era considerada cosa común cualquiera que fuera su destino.

Las propiedades de las fincas de la ribera tenían una posición privilegiada para servirse de las aguas pero con las limitaciones de no perjudicar el uso común y no afectar el tráfico fluvial. Para el caso de propiedades que no tuvieran estas condiciones la posibilidad de derivar las aguas hasta ellas se condicionaba al consentimiento del dueño del fundo por el que tuviera que atravesar el canal puesto que aún no se regulaba la servidumbre forzosa de acueducto. En relación con el abastecimiento de agua potable, el reparto para el riego, etc. se regulaba por los ordenamientos locales, dado que los concejos, tribunales y jurados del agua eran los encargados de la Administración de los acueductos, cisternas,

---

[78] *Cfr.* VERGARA BLANCO, Alejandro. "Contribución a la historia del Derecho de aguas II: Fuentes y principios del Derecho de aguas español medieval y moderno" en *Revista de Derecho de minas y aguas*. Vol.: II. 1991. Pp. 137- 161.

[79] *Cfr.* DELGADO PIQUERAS, Francisco. *Derecho de aguas y medio ambiente*. Editorial Tecnos. SA. Madrid. 1992. Pp. 72 y ss.

presas. Otra cuestión que queda dispuesta es que toda agua que se tomara lícitamente del río y entrara al canal de un particular sería desde ese momento privada pudiendo disponer libremente de ella aun cuando causase perjuicio a su vecino[80].

Analicemos como se regulaban las cuestiones relativas a las aguas en el reino de Aragón[81]. Existía un sistema regaliano de aprovechamiento de las aguas con un gran intervencionismo de la Administración a diferencia del sistema liberal existente en Castilla. Se consideraban públicas y comunes como regalía del Príncipe todas las aguas perennes aunque nacieran en terreno privado. Ellas se reducían a los usos comunes y al derecho que todos tenían de solicitar concesiones de aguas para usos privativos. Los ribereños carecían de poder para aprovechar las aguas públicas sin consentimiento expreso del Rey. Es decir, todas las aguas eran públicas aun cuando nacieran en fundos privados y existía gran control del soberano sobre ellas por lo que éste podía hacer y deshacer a su gusto otorgando o no derechos de aprovechamiento sobre éstas.

Pero demos un salto a otros países europeos para constatar la forma en que por su parte regulaban esta materia durante el período referido.

Comencemos por Francia donde la cuestión se comportaba de modo similar. Francisco I fue quien hizo entrar el dominio, la vigilancia y la policía de las aguas bajo su poder. Mediante la Ordenanza de 1543 atribuía al Gran Maestro de Aguas y Bosques el poder de jurisdicción sobre las aguas y las riberas de los prelados, príncipes, comunidades, etc. La Ordenanza de 1669 de Luis XIV declaró como parte del dominio de la Corona a todas las corrientes de agua navegables sin importar los títulos y posesiones en contrario[82]. Es aquí que se separa la línea entre bienes particulares del Rey y bienes sobre los cuales ejercía un patronato. Más tarde el Código rural de 1791 estableció que nadie podía pretender ser propietario exclusivo de las aguas de una corriente navegable o apta para el transporte. Coincidente este postulado con la Revolución se pretendía hacer lucir su lema de *"liberté, égalité e fraternité"*.

Para el año 1866 en España se promulga la Ley de Aguas. El mérito mayor que posee fue, primero, sistematizar en un texto único todas las cuestiones relativas a las aguas, incluidas las marítimas; y en segundo lugar, haber declarado todas las corrientes como de dominio

---

[80] *Vid.* GALLEGO ANABITARTE, Alfredo, MENÉNDEZ REXACH, Ángel y DÍAZ LEMA, José Manuel. *El Derecho... op. Cit.* p. 136.

[81] *Cfr.* DELGADO PIQUERAS, Francisco. *Derecho... ob. Cit.* Pp. 75 y ss.

[82] *Vid.* GAY DE MONTELLÁ, R. y MASSÓ ESCOFET, C. *Tratado... op. Cit.* p.25.

público, definiendo en su exposición de motivos que se entendería por dominio público de la Nación [83].

Para el año 1879 en España se promulga una nueva Ley de Aguas. Su antecesora, la Ley de 1866 no fue tan efectiva, no obstante la nueva norma solo derogaba una serie de artículos de esta[84]. Esta nueva norma fijó los criterios de distinción entre aguas públicas y aguas privadas a partir de la determinación del dominio de las mismas[85]. Además determinó las servidumbres y los diferentes derechos de aprovechamiento que pudiesen nacer sobre ellas[86]. En dichos artículos quedó además establecido un procedimiento específico concesional en favor de los particulares del cual nace una detallada regulación de esos derechos de aprovechamiento. Igualmente se mantuvo la intervención recia de la Administración y creó un cuerpo de doctrinas que influyeron en la dogmática española y del mundo durante un largo tiempo.

Para completar la regulación jurídica se encontraban las disposiciones de su Código Civil de 1889[87] que recogen la mayoría de los postulados sobre aguas dejando a la Ley como supletoria en lo que no se regule en él. En la actualidad es uno de los Estados que mayor entramado teórico ha desarrollado en esta materia.

En Hispanoamérica rigieron casi las mismas regulaciones que en España, no obstante, el Derecho indiano llegó a diferenciarse del español por cuanto consideraban a todas las aguas como comunes; situación que luego cambió a regalías de la Corona[88], teniéndose en cuenta la riqueza de recursos hídricos con los que contaba la región.

Durante el período de la conquista y la colonización rigieron dos sistemas de usos del agua. En los inicios su libre comercialización, más tarde se controlaba por la vía de las

---

[83] *Vid.* **GALLEGO ANABITARTE**, Alfredo, **MENÉNDEZ REXACH**, Ángel y **DÍAZ LEMA**, José Manuel. *El Derecho... op. Cit.* p. 343.

[84] *Vid.* **GUAITA**, Aurelio. *Derecho Administrativo. Aguas, montes y minas.* 2da Ed. Editorial Civitas SA. Madrid. 1986. Pp. 117 y 118.

[85] *V.gr* Al establecer en cada artículo a que régimen se sometía un tipo de aguas u otro. "Artículo 1: pertenecen al dueño...; Artículo 4: son públicas o de dominio público..."

[86] *Vid.* Artículos 69- 111 regula lo relacionado a las servidumbres. Artículos 112- 225 en **GAY DE MONTELLÁ**, R. *Tratado y práctica de la legislación de aguas.* Librería Bosch. Barcelona. S/Año.

[87] Artículos 407 y ss. del Código Civil español en Gaceta de 25 de julio de 1889.

[88] *Cfr.* **VERGARA BLANCO**, Alejandro. "Configuración histórica y tendencias actuales del Derecho de Aguas en Hispanoamérica" en *El nuevo Derecho de Aguas: las obras hidráulicas y su financiación.* Antonio EMBID IRUJO (Coordinador). Editorial Civitas. Madrid. 1998. Pp. 233- 266.

mercedes regalianas[89]. Al principio no existía necesidad de limitar el acceso a las aguas, pero si analizamos, una vez que comienzan a asentarse los emigrantes, se crean las primeras villas y la población comienza a incrementarse se hizo necesario poner cotos y, por supuesto, se aprovechaba para cobrar impuestos.

Época contemporánea[90]

Con el nacimiento de los Estados nacionales los bienes, antes regalía, hoy serían de la Nación[91].

Las aguas no corrieron esta suerte. En este momento los estanques, las fuentes y las aguas subterráneas pertenecían a los propietarios de las tierras de donde se encontraran. Así mismo, en las legislaciones se recogía el principio romano sobre los ríos navegables: el lecho pertenece a los riberanos como una prolongación de la ribera; el agua que corre no pertenece a nadie pero el ribereño de ella puede servirse y usarla[92].

Ya por los finales del siglo XIX son declaradas nacionales o públicas y el Estado viene a tomar la posición regaliana de los reyes, solo que esta vez con un fin último, el de garantizar el bienestar de la comunidad que gobierna[93].

En materia hidráulica la acción del Estado se orientó a procurar la máxima utilización de los tesoros nacionales; un ejemplo de esto fue en países como Noruega y Bélgica. Por su parte en España, Francia e Italia las Administraciones permanecieron como simples observadores en relación al acaparamiento de estas riquezas por parte de los particulares dado que tenían una formidable potencialidad hidráulica en algunas regiones[94].

---

[89] *Cfr.* VERGARA BLANCO, Alejandro. "Bases y principios del Derecho de Aguas. En especial de los usos consuetudinarios" en *Revista Anuario.* Facultad de Ciencias Jurídicas Universidad de Antofagasta. 1998. p. 120.

[90] Las referencias a las legislaciones que se realizan durante este acápite son las mismas que analiza Marienhoff en su obra. *Vid.* MARIENHOFF, Miguel S. *Tratado... op. Cit.* Pp. *277 y ss., 332 y ss., 580 y ss., 619 y ss., 653 y ss., etc.*

[91] Pueden definirse como aquellos pertenecientes al Estado nacional, provincial y municipal destinados al funcionamiento de los servicios públicos u otras actividades de interés general. *Vid. Enciclopedia OMEBA.* Versión digital. Citado como "bienes públicos".

[92] *Vid.* GAY DE MONTELLÁ, R. y MASSÓ ESCOFET, C. *Tratado... op. Cit.* p. 52.

[93] *Cfr.* VERGARA BLANCO, Alejandro. "Bases..." *op. Cit.* p. 121.

[94] Los sistemas de control del uso de las aguas terrestres dependen de la disponibilidad hídrica de cada Estado. Es así que subsisten sistemas centralizados donde existe un férreo control estatal es más o menos centralizada y organizada por cuencas o áreas hídricas y la Administración planifica la utilización del recurso por lo que las transferencias libres son muy limitadas; y sistemas descentralizados cuya característica principal son los mercados de agua, pueden fácilmente transferirse, además de ser hipotecados, sobre todo aparecen los Registros de aguas para otorgar la certeza de los derechos sobre las mismas. Así mismo es que podemos señalar que en los países áridos suele haber una legislación

Para los años 1984 comienzan las concepciones sobre que el agua es un todo, hablándose de un derecho independiente y donde las corrientes de aguas navegables y flotables son de dominio público, las que no, quedan fuera de él[95]. Al Estado le fue correspondiendo entonces regular los diferentes usos pero siempre teniendo en cuenta tanto las prioridades como la repartición equitativa.

Se sucedieron una serie de cambios en los ordenamientos jurídicos y es así que en Argentina se reformó el Código Civil en 1968, Chile también modificó su Código de Aguas en el año 1973, Uruguay en 1979 dio a la luz un Código de Aguas; México en 1983 declara constitucionalmente bien público a las aguas y más tarde en 1992 se promulga su Ley de Aguas; en España se promulga la Ley de Aguas de 1986, cuya antecesora había estado vigente alrededor de 100 años, en Cuba aparece en 1993 nuestra vigente norma de aguas terrestres, el Decreto Ley 138. Más tarde Venezuela en la Constitución de 1999 declararía como de dominio público de la nación a todas las aguas terrestres, entre otros.

En la Argentina las aguas son consideradas como un bien inmueble por naturaleza cuando integra o compone partes fluidas del suelo que conformen su superficie y profundidad, mientras que serán bienes muebles cuando siendo fluida puede ser separada del suelo y transportarse a otro lugar. El Estado puede disponer sobre los derechos de uso y disfrute público, mas solo podrá reglamentar en relación a los que se ejercen sobre las aguas privadas[96].

Por su parte en Chile las aguas han sido excluidas de la apropiación directa por los particulares siendo reconocidas como bien de la nación[97].

En el caso de Uruguay son de dominio público los ríos, arroyos navegables y flotables y el agua corriente. En cuanto a su uso será en relación a necesidades de la vida.

México con la ya referida normativa no hace más que repetir el discurso en el que se ha convertido la publificación de las aguas puesto que siempre, y con gran facilidad, aparecerán las posibilidades de otorgamiento de concesiones con un marcado matiz capitalista que hace que el derecho al agua ya no sea un derecho natural, sino que su

---

abundante en materia de aguas y estas son declaradas públicas lo que da al traste con un férreo control administrativo. *Vid.* VERGARA BLANCO, Alejandro. "Una tríada…" *op. Cit.* p. 1061; GUAITA, Aurelio. *Derecho… op. Cit.* p. 110.

[95] *Vid.* GAZZANIGA, Jean- Louis. "¿A quién…" *op. Cit.* p. 171.

[96] *Cfr.* FORMENTO, Susana y FERRAZINO, Ana. "El agua: su normativa jurídica" en *Los profesores escriben*, disponible en www.agro.uba.ar/apuntes/no2/agua.htm; visitado el 17 de enero de 2014.

[97] *Vid.* VERGARA BLANCO, Alejandro. "Una tríada…" *op. Cit.* p. 1059.

acceso se vea bien limitado por lo oneroso que pudiese resultar para los particulares[98]. Ello nos permite percatarnos como no se garantiza este derecho.

En Venezuela el Artículo 304 de la Constitución de 1999 con su declaración propicia que se unifique el régimen jurídico de las aguas incorporando además el principio de unidad del ciclo hidrológico[99].

Brasil por su parte clasificaba en su Código cuatro categorías de agua dentro de las cuales se encuentran las públicas que admiten el uso común o privativo y mantiene la vieja distinción de los romanos entre estas y las comunes. Las disposiciones se encuentran en el Código Civil y en su Código de Aguas que se divide en tres libros[100].

En Italia casi todas las aguas son dominiales y existen tribunales especiales de aguas. En el caso específico de las aguas subterráneas estas requieren de un acto administrativo posterior que las declare de dominio público bajo la razón de ser destinadas al uso común. Por su parte en los países nórdicos son privadas así como en el Reino Unido donde sólo los grandes ríos son públicos. Sucede similar en Francia y Alemania donde sólo son públicos los ríos navegables y flotables. Los franceses, por ejemplo, consideran como "cosas de nadie" a las aguas subterráneas y la Administración se limita por tanto a permitir la apropiación por los particulares siempre que no se actúe con malicia y en perjuicio de tercero. En el caso de los germanos plantean que tanto las cosas públicas como las privadas tienen igual régimen pero la diferencia estará en la finalidad que se les otorgue[101]. Si bien las aguas pertenecerán por accesión al propietario del fundo en que nazcan o se encuentren este estará sometido a las limitaciones legales que le imponga la Administración. Ello es posible por cuanto separan el derecho de propiedad del derecho de aprovechamiento[102].

---

[98] *Vid.* **SALGADO LEDESMA**, Eréndira. "Agua ¿cuál es el problema?" en *Régimen jurídico del agua. Culturas y sistemas comparados.* Jorge FERNÁNDEZ RUÍZ y Javier SANTIAGO SÁNCHEZ (Coordinadores). Universidad Autónoma de México. Instituto de Investigaciones Jurídicas. Serie Doctrina Jurídica. No. 382. México. 2007. Pp. 313- 322; **CARRILLO SUÁREZ**, Agustín Eduardo. "El agua: un bien público y escaso" en *Régimen... op. Cit.* Pp. 153- 163; **SÁNCHEZ SANDOVAL**, Augusto. "El agua es un problema político económico, no jurídico" en *Régimen... op. Cit.* Pp. 355- 366.

[99] *Cfr.* **BREWER- CARÍAS**, Allan R. "El régimen de las aguas en Venezuela. Efectos de su declaratoria general y constitucional como bienes de dominio público" en *Régimen... op. Cit.* Pp. 33- 86.

[100] *Cfr.* **ZANELLA DI PIETRO**, Maria Sylvia. Direito... *op. Cit.* p. 729; **MARIENHOFF**, Miguel S. *Tratado... op. Cit.* p. 143.

[101] Todas las referencias realizadas son a partir de las ideas que expone Guaita. *Vid.* **GUAITA**, Aurelio. *Derecho... op. Cit.* Pp. 109 y ss.

[102] *Vid.* **DEL SAZ**, Silvia. *Aguas subterráneas, aguas públicas. El nuevo Derecho de Aguas.* Marcial Pons. Ediciones Jurídicas SA. Madrid. 1990. p.45.

Hasta aquí hemos visto como se ha comportado la evolución histórica de las aguas por lo que podemos resumir que la naturaleza jurídica de las aguas ha pasado por cuatro estadíos fundamentales: bienes comunes o públicos; regalías, bienes nacionales y bienes públicos o estatales.

2.1 Aguas terrestres como bienes de dominio público

Las aguas terrestres pueden tener una naturaleza jurídica privada o pública. Están conformadas por diferentes masas de agua, ya sean o no perennes, y fluyan o se mantengan estancadas. Tendremos entonces a los ríos, los lagos, las lagunas, los manantiales, las subterráneas, las pluviales, etc.[103]

La aplicación de un régimen jurídico u otro dependerá esencialmente de la trascendencia que revista para la sociedad. Si se declaran privadas, su fin esencial será el de brindar beneficios a su propietario únicamente. Por el contrario, siempre que las aguas terrestres representen un elemento de importancia en la prestación de un servicio público o en la satisfacción de intereses de la mayoría de las personas y debido a ello se les considere públicas, creemos que deben ser incluidas en el dominio público sometiéndose a su régimen jurídico. Ello es lo que permite la existencia de aguas públicas y de aguas privadas; pero siempre que de ellas resulte un uso público el Estado podrá declararlas como bien público.

Se discute también si las aguas serán públicas por naturaleza[104] o por afectación. MARIENHOFF[105] plantea que ningún bien es público o privado por su naturaleza, sino que por el fin al que se destine tendrá tales condiciones; no hay bienes públicos por derecho natural. El Estado es quien determina el régimen legal en virtud del destino, directo o indirecto, al uso público. Es decir, las aguas son públicas siempre que sean declaradas como tal por el Estado en que se encuentren y cumplan con los requisitos de importancia, utilidad y peligrosidad; por los cuales requieran de la Administración estatal para su

[103] En general el dominio hidráulico puede ser artificial o natural. Dentro del natural encontramos entre otros, el *domaine public fluvial*, conformado por: cours d'eau et lacs, canaux de navigation, ouvrages établis dans l'intérêt de la navigation fluviale y les eaux publiques. *Cfr.* **AUBY**, Jean Marie. *Droit Administratif des biens*. 4ta Ed. Editorial Dalloz. París. 2003. p. 52.

[104] Ciertamente se tiende a referir a las aguas como dominio público por naturaleza puesto que por costumbre se le ha declarado como tal, se piensa en un río y se piensa de dominio público por la predestinación, las tendencias actuales a la dominialización y la afectación y destinación al fin común. Pero lo más correcto sería hablar de dominio público natural. *Vid.* **GUAITA**, Aurelio. *Derecho... op. Cit.* p. 23.

[105] *Vid.* **MARIENHOFF**, Miguel S. *Tratado... op. Cit.* p. 95.

manejo y uso racional. Sobre todo teniendo en cuenta las condiciones de hecho de cada territorio.

Para que las aguas terrestres revistan la condición de públicas, algunos autores[106] plantean que la corriente de agua debe servir a los usos públicos o de convivencia social, por su caudal, sus desniveles, aprovechamientos, etc. Si nos guiamos por esta afirmación pudiéramos decir que todas las aguas, en última instancia sirven a un fin común[107]. Lo que pudiésemos plantear es que tales cursos siempre que se encuentren en lugares públicos tendrán tal naturaleza; igualmente si se encuentran en fundos privados o bajo ellos, pero que a su vez importen por su volumen para un uso especial o privativo con fines comunes. El resto, si solo sirven para satisfacer necesidades básicas del titular del fundo podrían considerarse privadas. En definitiva, la concepción de dominio público hidráulico gira sobre la idea del recurso integrado en el ciclo hidrológico, quedando fuera los depósitos de agua que se apartan de dicho ciclo[108]. Igualmente en relación a las características hídricas de cada territorio.

Aquí es preciso hacer algunas aclaraciones sobre los elementos apropiables del dominio hidráulico. Dentro de las aguas que se mantienen en constante movimiento, no podemos confundir los términos "aguas corrientes" y "cursos de agua". Si bien ambos conforman el dominio hidráulico son diferentes; la primera se refiere a las *aqua profluens* de los romanos y la segunda a los *flumina* o *rivo*. Las aguas corrientes son la sustancia líquida, el agua en sí, individualizada del lugar por la cual corre. Los cursos de agua por su parte, son los cauces por los cuales fluye el *aqua*; es decir, el lecho.

En el caso de los cursos de agua no tenemos ninguna duda sobre su posible apropiación, al menos teóricamente. Sus características físicas lo hacen posible de individualización por tanto podrán pertenecer al dominio público o al privado. Lo cierto es que sería complejo si se suscitara algún asunto entre los titulares de las aguas corrientes y el del curso de agua; habría un colapso entre sus derechos por lo que la norma jurídica de policía deberá disponer la solución. Por ello siempre que tales aguas se destinen al uso en interés común deberá someterse al propietario del cauce para que colabore con el

---

[106] *Vid.* **GAY DE MONTELLÁ**, R. y **MASSÓ ESCOFET**, C. *Tratado... op. Cit.* p. 46.

[107] *V. gr.* Incluso un fino riachuelo que brota en un fundo particular. Los habitantes podrán saciar su sed de allí y es a lo que nos referimos.

[108] **MORELL OCAÑA**, Luis. "Las titularidades sobre aguas privadas" en *Revista de Administración Pública.* No. 154. Enero- Abril. 2001. p. 8.

cumplimiento de este fin. Igualmente sucede con las aguas estancadas. No están sometidas al flujo constante y se mantienen inmóviles, perfectamente individualizables. Por tanto, serán objeto de propiedad. Es decir, las aguas estancadas y los cursos de agua pueden ser perfectamente sometidos al régimen de propiedad que variará según su titular. Las aguas corrientes, en cambio, no.

Todo ello tiene un trasfondo jurídico por cuanto trasciende a la propiedad. El agua, como sustancia, como agua corriente no es susceptible de apropiación por ninguna persona en particular, de ahí su uso común. Ella se mantiene en constante cambio, por lo cual no podremos individualizarla.

Ahora bien. Las aguas terrestres para ser incluidas en el dominio público deben resultar de utilidad para la sociedad como veníamos diciendo. Deberán cumplir con idénticos requisitos que el resto de los bienes de dominio público[109].

Ellas, de hecho, son imprescindibles para la vida del ser humano, los seres vivos y el mundo que los rodea. En este sentido desde la esfera internacional se ha determinado la necesidad de proteger ese derecho humano al agua potable y al saneamiento[110]. Si bien no se ha recogido en ningún Tratado Internacional y su protección es débil, se encuentra amparado implícitamente en ciertos textos de organismos que tratan sobre la salud y los niveles de vida adecuados. Por ello el Estado se obliga a respetar este derecho y la mejor forma de garantizarlo es publificando las aguas.

La Administración a través del reconocimiento legal otorga un destino público a las aguas, las afecta para la puesta en uso por todas las personas, incluidos los extranjeros. La *publicatio,* a nuestra consideración, lleva consigo la definición legal que describa los tipos de aguas terrestres que se considerarán públicas, así como otros elementos que garanticen su correcta utilización[111].

Por otro lado, una vez que las afectó al dominio público debe permitir sus diferentes usos. Siendo así se encuentra obligada a promover el disfrute y aprovechamiento por el mayor número de personas posible. En los casos específicos de los usos privativos, aquellos que

---

[109] *Vid. supra* Noción de dominio público: características y naturaleza jurídica.

[110] Resolución aprobada por la Asamblea General de las Naciones Unidas el 28 de julio de 2010, publicada el 3 de agosto del mismo año.

[111] *V. gr* Como lo es el caso de los usos comunes y privativos; los procedimientos para el otorgamiento de usos privativos, medidas de policía, servidumbres. *Vid.* **MARIENHOFF**, Miguel S. *Tratado... op. Cit.* Pp. 731.

se ha reservado, debe continuamente controlar que se realicen en interés de la comunidad para satisfacer las necesidades relacionadas con el preciado líquido.

En esencia, las aguas terrestres se comportarán como dominio público siempre que un ente administrativo, ya sea nacional, provincial o municipal, las administre. Él deberá velar por esas aguas que ahora han pasado a formar parte de su patrimonio, por lo cual se encuentran fuera de la apropiación por parte de los particulares; por tanto son inalienables, las acciones contra los elementos del dominio hidráulico nunca prescribirán y tampoco serán objeto de embargo lo cual encuentra su razón en el fin al cual se destinan.

A nuestra consideración este tipo de propiedad es especial[112] dado que es una persona pública quien administra un bien que se ha destinado al fin público[113]. Además solo se ocupará de lograr una buena gestión a través de determinados mecanismos que para ello implemente[114] pues sus potestades solo se muestran en permitir los usos, establecer los límites de estos, mantenerlas en buena disposición, etc.[115] pero no disfrutar directamente de ellas[116].

Por último, esbocemos brevemente un principio fundamental que corrobora la declaración estatal de afectación a un destino común[117]. Se refiere a la unidad de la corriente o de cuenca[118]. Plantea, en esencia, que toda el agua forma una unidad. Tal cuestión es la base fundamental del Derecho de Aguas en materia de usos y derechos de aprovechamiento. Es este el principio que se aplica en los países donde todas las aguas

---

[112] Lo que no significa que la propiedad que se ejerza sobre cada tipo de bien será especial existiendo así disímiles, sino que tiene características tan especiales que le otorgan este carácter y la más importante es que no tiene su explicación en la propiedad civil.

[113] Aun cuando formen parte de su patrimonio las aguas no se encuentran dentro de los bienes particulares del Estado.

[114] Primero publificándolas, segundo permitiendo su uso común y fomentando el privativo, regulando los límites, estableciendo otras normas de policía, etc.

[115] Aquí encontraremos las potestades referidas al uso y aprovechamiento y a la defensa y conservación de las aguas terrestres. *Vid.* **MORILLO VELARDE PÉREZ**, José Ignacio. *Dominio... op. Cit.* Pp. 141 y ss.

[116] Si bien existe un tipo de uso demanial de las aguas por parte de la Administración como persona jurídica que es, ella a sí misma no se otorga derechos para con las aguas. Las empresas y entes que la conforman son sujetos que utilizan las aguas común o privativamente, pero se encuentran diferenciadas totalmente del Estado.

[117] No obstante en materia de aguas existe otro principio, el de la libre transferibilidad de los derechos de agua. Se refiere a la apertura en los últimos años a la flexibilización en la transferibilidad de los títulos que otorgan derechos sobre el agua, naciendo la categoría "mercados de agua". Fue la solución que muchos países otorgaron para poder disponer del agua sin la tierra y ante la escasez del recurso. Este principio se aplica en Estados donde existe un sistema de aguas mixto o privado. *Vid.* **VERGARA BLANCO**, Alejandro. *Derecho de Aguas*. T.: I. 2da Parte. Editorial Jurídica de Chile. Santiago. 1998. p. 242.

[118] Se refiere a toda el área drenada por un río y es la respuesta a conceptos geográficos. Esa totalidad es lo que otorga entidad a lo que traducimos como unidad. *Vid.* **VERGARA BLANCO**, Alejandro. *Derecho... op. Cit.* Pp. 240 y ss.

son públicas y debido a la escasez del recurso en esos Estados. Quiere ello decir que el agua subterránea que emana por un pozo es la misma del río que nace de un manantial porque aunque se encuentren distantes todas las aguas se comunican por una serie de túneles subterráneos. Igualmente sucede con los lagos y las lagunas porque su formación se debe, principalmente, a las precipitaciones que fueron producto de la evaporación[119] de las aguas de los ríos, etc. Su trascendencia jurídica abarca al tema de la contaminación de las aguas, la administración de cuenca y la distribución de las aguas a los particulares.

2.2 Elementos esenciales de las aguas terrestres

2.2.1 Definición y naturaleza jurídica

Las aguas terrestres son fácilmente definibles: son aquellas que discurren sobre la tierra o bajo ella. Reciben también el calificativo de continentales y, precisamente, para diferenciarlas de las aguas marinas.

En cuanto a su naturaleza jurídica podrán ser bienes muebles o bienes inmuebles, e indudablemente las aguas terrestres revisten importancia para el ser humano por su utilidad. A decir de MARIENHOFF[120] las aguas pueden ser muebles siempre que sean separadas del suelo al cual se adhieren o corran por los conductos artificiales; e inmuebles cuando en su estado natural forman parte del suelo o estando almacenadas en obras artificiales o en los conductos se encuentren realmente inmovilizadas por su adhesión física al suelo sometida a perpetuidad. Lo cierto es que se trata de una cuestión meramente de hecho, será mueble siempre que podamos trasladarla e inmueble cuando se mantenga inerte; pero dadas las características del agua casi siempre será considerada del primer modo; de ahí que sea necesaria su determinación legal.

Ello no afectará su condición legal, será privada o pública. Las primeras, como su nombre lo indica, son las pertenecientes al dominio privado de las personas y sobre las cuales

---

[119] Una de las fases del ciclo hidrológico: se evapora el agua en los océanos en forma gaseosa, se condensa en forma de nubes o nieblas, luego por cambios técnicos se precipita produciéndose la absorción por parte de las raíces de las plantas, filtradas a través del suelo o se produce la escorrentía para luego reiniciar el ciclo. *Cfr.* "Weather and Climate". *Britannica Illustrated Science Library*. Ed. Sol 90. 2008. Versión digital. p. 21.

[120] Este tema tiene trascendencia para los Estados en que las aguas son públicas y privadas dado en cuestiones prácticas como los interdictos y acciones posesorias que solo proceden respecto a bienes inmuebles. También tendría trascendencia en materia penal puesto que si son muebles habría hurto o robo y si, por el contrario, son inmuebles sería usurpación. *Cfr.* **MARIENHOFF**, Miguel S. *Tratado... op. Cit.* Pp. 68- 70.

éstos ejercen iguales facultades que sobre el resto de sus bienes privados. Se rigen por tanto, según las normas del Derecho Civil.

Las aguas públicas, en cambio, son aquellas que perteneciendo al Estado son destinadas a un fin común, directa o indirectamente.

En el mundo existen tres sistemas que ilustran sobre la condición legal de las aguas[121]:

a) todas las aguas son privadas. *V. gr.* Alemania.
b) todas las aguas son públicas. *V. gr.* Italia y Cuba.
c) algunas aguas públicas y algunas privadas. *V. gr.* España, Francia.

En esencia, el hecho de que las aguas sean declaradas públicas o privadas dependerá de los intereses de cada Estado y de sus características hídricas. Además de factores como la importancia, la utilidad y la peligrosidad que de hecho revistan en la economía y el desarrollo del país. En resumen la naturaleza jurídica de las aguas terrestres, pública o privada, dependerá del reconocimiento estatal y de los intereses de cada país.

2.3 Clasificación de las aguas terrestres y régimen jurídico

Para continuar nuestro análisis es preciso, de modo muy breve, determinar los tipos de aguas terrestres que han sido declaradas públicas en varios ordenamientos jurídicos y su régimen jurídico general. Utilicemos para ello como base el orden en que la vieja Ley de Aguas española de 1879 regulaba esta cuestión.

2.3.1 Aguas pluviales

Los romanos decían *aquam pluviam dicimus, quae de coelo cadit*[122]. Según la mencionada Ley, este tipo de agua sería la que procede inmediatamente de las lluvias, en otras palabras el agua que cae del cielo.

Para autores como MARIENHOFF[123], tal definición es inexacta. Parte de la individualidad y la determinación del agua de lluvia para ello, diciendo que siempre que el agua que cayó sobre un fundo llegue a otro por la inclinación del terreno sin mezclarse con aguas de otra especie será reputada como pluvial. Quiere ello decir que el agua pluvial será tal siempre que caiga directamente o discurra de forma natural y no se confunda con aguas de otra

[121] *Cfr.* **MARIENHOFF**, Miguel S. *Tratado... op. Cit.* p. 90.

[122] *V. gr.* Se traduce en que "agua pluvial es la que del cielo cae". *Vid.* **GAY DE MONTELLÁ**, R. y **MASSÓ ESCOFET**, C. *Tratado... op. Cit.* p. 65.

[123] *Cfr.***MARIENHOFF** explica muy bien todas estas cuestiones en su Tratado de Aguas. Pp. 247, 254 y ss.

índole. Concordamos con este postulado si bien, de hecho, sería bastante complicado determinar la caída mediatamente de ellas para considerarlas pluviales.

Su denominación varía desde agua lluvia, a pluviales o a meteóricas. Se convierten en objeto de derecho cuando tocan tierra.

En relación con su dominio se reputaban privadas en Roma aquellas que eran recogidas en tanques o depresiones que el Estado había declarado particulares, pero realmente no se encuentra ninguna disposición legal referido a esto. En las Partidas eran consideradas comunes[124].

Ahora bien, habrá que distinguir igualmente entre aguas que caen en terreno particular de las que lo hacen en terreno público[125]. En cuanto a las primeras, la doctrina es conteste en aceptar que son privadas pero no definen si son a su vez *res nullius* o propiedad del dueño del fundo en que caen o corren. Igual discusión ocurre entre si se adquieren por accesión o por ocupación. A nuestra consideración estas aguas deben considerarse privadas y seguir la misma naturaleza del fundo. Ninguna persona ajena puede, sin la autorización del propietario hacerse de este tipo de agua.

En cuanto a la segunda existen dos teorías. La que las considera *cosa de nadie* y otra que las considera bienes públicos por accesión. Si se determinan como lo primero se someterán al régimen que disponga el Código Civil para este tipo de bienes; si resultan ser lo contrario entonces se someterán al régimen administrativo[126], disponiendo el Estado sobre los usos por parte de los particulares. En resumen, las aguas pluviales serán privadas o públicas según el lugar en el que caigan, no obstante podrá en cualquier caso el Estado limitar o permitir un determinado uso siempre que revista un fin común.

2.3.2 Aguas vivas, manantiales y corrientes[127]

En este sentido se incluyen las aguas que nacen continua o discontinuamente en terrenos del mismo dominio, las continuas o discontinuas de manantiales y arroyos y los ríos.

Los manantiales son los puntos en los que aflora el agua procedente del interior de la tierra. También se le denomina vertiente u "ojo de agua". Ello no significa que se confunda

[124] *Vid.* **VERGARA BLANCO**, Alejandro. "Contribución a la historia…" *op. Cit.* p. 145.

[125] Este análisis es realizado por Marienhoff. *Vid.* **MARIENHOFF**, Miguel S. *Tratado… op. Cit.* p. 274.

[126] No obstante, si resulta que penetran en heredad privada pasar a seguir este régimen.

[127] *Vid.* **MARIENHOFF**, Miguel S. *Tratado… op. Cit.* Pp. 289 y ss. y **GAY DE MONTELLÁ**, R. y **MASSÓ ESCOFET**, C. *Tratado… op. Cit.* Pp. 75 y ss.

con las aguas subterráneas si bien se nutren de ellas. En el momento en que aflore dejará de ser agua subterránea para convertirse en manantial.

En relación a su naturaleza jurídica los romanos ya decían que el agua viva es considerada una porción del campo. Por tanto, forman parte integrante de la propiedad en que nacen[128], siguiendo su régimen jurídico.

Los arroyos por su parte, son cursos de agua que se diferencian de los ríos por su magnitud. Son ríos pequeños, aprendices de río. Su régimen jurídico es público.

Los ríos son cursos de agua natural de considerable extensión y ancho que se encuentran perpetuamente corriendo. Son sometidos a tres clasificaciones: navegables o no navegables de acuerdo a su navegabilidad, nacionales e internacionales según su nacimiento y desembocadura, y en algunos ordenamientos pueden ser provinciales o interprovinciales. Son de modo general bienes del dominio público. Pueden congelarse durante un período de tiempo, pero ello no lo hace variar su régimen jurídico de público[129]. En cuanto a los navegables[130] serán de dominio público, mientras que los no navegables podrán ser privados o públicos.

Por último, hablemos también de torrentes cuya característica esencial es la intermitencia de su curso. Se diferencia de los ríos por la perennidad de los últimos. Son también considerados bienes de dominio público. Mientras su destino pueda ser para el uso de la comunidad tendrán que ser declaradas públicas.

2.3.3 Aguas muertas o dormidas

Denominadas también dormidas son aquellas en que su fluencia es casi imperceptible. La norma española aludía en este sentido a los lagos y lagunas que son naturales. Podríamos agregar las represas y los estanques que son obras realizadas por el hombre.

Lago y laguna no son lo mismo, su diferencia radica en su extensión. El lago es al río como la laguna es al arroyo. Igualmente sucede con los estanques y las represas, estas últimas son de mayor tamaño.

Refirámonos a los lagos que son los que más importancia revisten. Podemos definirlos como una acumulación de agua vasta y perenne[131]. Sobre su naturaleza jurídica existen

[128] Si nace en un fundo privado así será; si en uno público, dominio público.

[129] *Cfr.* **MARIENHOFF**, Miguel S. *Tratado... op. Cit.* Pp. 300 y ss.

[130] Deben cumplir con los requisitos de navegabilidad que cada legislación establezca incluida la flotabilidad.

[131] *Cfr.* Gran Diccionario de la Lengua Española Larousse. Larousse Editorial S.A- 1998. Citado como: "lago".

varios postulados idénticos a los que hemos venido refiriendo hasta ahora con los otros tipos de agua, mas creemos que lo más acertado sería declararlos, sean navegables o no, públicos por cuanto ello permitiría el uso por parte de todos sin discriminación, al fin y al cabo se nutren de otras aguas que son casi siempre públicas por afectación.

2.3.4 Aguas subterráneas

Desde un punto de vista legal serán subterráneas todas las aguas que no sean superficiales; básicamente todas las que se encuentren bajo la tierra comportan a estas[132]. Jurídicamente no existe ninguna diferencia entre estas, las freáticas y las corrientes subterráneas.

La condición legal de las aguas ciertamente depende de la declaración que cada Estado realice. En algunos casos se regirá por lo que se disponga sobre el suelo y su extensión, en otras ocasiones por el principio de unidad de la corriente y en otras por el Derecho común según donde sean alumbradas. De aquí se desprende la posibilidad de abrir pozos para el abastecimiento de agua, etc. como parte de los usos a los que puede someterse.

Existen varios sistemas respecto a la protección de pozos y alumbramientos. Un sistema de libre alumbramiento que es el que rige en Francia y Argentina. Otro proteccionista establece que sólo será lícito siempre que se cumplan los requisitos que establece la ley[133]. Nuestra opinión se basa en la existencia o no del principio de unidad de la corriente; si no se aplica pues podrán ser perfectamente apropiables por los particulares.

3. Usos de las aguas terrestres

3.1 Precisión terminológica: usos o derechos de aprovechamiento de las aguas terrestres

Para continuar con nuestro análisis es importante que expliquemos por qué utilizamos el vocablo "usos" y no otros como "derechos de aprovechamiento" o "aprovechamientos de las aguas", como se disponía en la Ley de Aguas de 1879 y realizan algunos autores[134]. Las razones varían pero lo más importante es que constituye una cuestión práctica.

---

[132] Existen un tipo de corrientes denominadas subálveas y los criterios sobre ellas se fraccionan. *Cfr.* **MARIENHOFF**, Miguel S. *Tratado... op. Cit.* Pp. 626 y ss.

[133] *Cfr.* **MARIENHOFF**, Miguel S. *Tratado... op. Cit.* Pp. 652 y ss.

[134] Todos aquellos que consideran que solamente existen dos tipos de usos: generales y privativos.

En la doctrina se encontrarán referencias a la institución de maneras diferentes sin que esto modifique de fondo el contenido y la amplitud de la misma. Derechos de aprovechamiento o usos de las aguas terrestres constituyen categorías referidas al mismo fenómeno. Incluso se utiliza la primera casi siempre para referirse a lo que nosotros hemos denominado usos comunes especiales y usos privativos.

Por otro lado en nuestro ordenamiento jurídico siempre que se refiere a usos solo se dispone sobre los volúmenes de agua que le corresponden a cada entidad, por lo que hemos querido rescatar la categoría. Decir "aprovechamientos" es un modo más restringido de referirse a los usos. Lo cierto es que cualquiera que sea la denominación que se le otorgue, ellos se manifiestan en la posibilidad que tiene una persona natural o jurídica de usar las aguas y de utilizarlas con los fines que estime convenientes de acuerdo con las características de su título y las reglamentaciones existentes. Por todo ello hemos preferido entonces hacer referencia a la institución como usos de las aguas.

Debemos conocer que existen varios usos. Entre ellos la doctrina plantea el de utilización directa por parte de la Administración pero consideramos que este se incluye en los denominados comunes especiales o en los privativos, y al cual no haremos referencia directa por salirse del contenido de esta tesis[135]; los uso comunes generales; los usos comunes especiales y los usos privativos; todos estos últimos objeto de este trabajo.

En general nos basamos en el criterio de la limitación o no de los derechos que nacen en relación con los terceros para distinguir y clasificar los diferentes usos[136]. Expliquemos cada uno de ellos.

3.2 Usos comunes de las aguas terrestres

En acápites anteriores ya habíamos hecho alusión a los usos comunes para el caso de los bienes de dominio público. Las aguas se encuentran dentro de este conjunto de bienes y por tanto le son aplicables estos contenidos con las especificidades correspondientes.

---

[135] Existen también referencias a determinados usos que llaman eventuales como el de las aguas que manan en un predio en forma natural, aguas pluviales caídas sobre vías y cauces públicos de tierras, etc.; pero no consideramos que constituya una clasificación acertada sino que incluyen indistintamente usos comunes y usos privativos. *Vid.* **DELGADO PIQUERAS**, Francisco. *Derecho... ob. Cit.* p. 95.

[136] También se pudiese clasificar en relación con la envergadura del uso en usos comunes y usos especiales como bien hacen Marienhoff en su Tratado de Aguas. *Vid.* **MARIENHOFF**, Miguel S. *Tratado... op. Cit.* Pp. Pp. 753 y 779 y la Ley de Aguas de 1879. Artículos 126 y ss. y 147 y ss.

Básicamente las aguas terrestres pueden ser objeto de uso por todas las personas, partiendo de que ella es un elemento esencial para la supervivencia del ser humano. Además tiene grandes implicaciones en la economía, en la industria, etc.

Los caracteres principales que deben cumplir para poder ser sometidas a tales tipos de usos se resumen en haber sido declaradas legalmente como públicas, servir a la comunidad, no trascender de los ámbitos privados y no impedir el goce de terceros. Es decir, debe estar reconocido que pueden llevarse a cabo los usos que comportan este tipo de aprovechamiento. Igualmente tal declaración siempre va a responder a que la comunidad satisfaga determinadas necesidades y aun cuando sea libre, sometido a los límites que quedan dispuestos. Por último, siempre habrá que respetar el derecho de terceros, en aras de propiciar ese disfrute por parte de todos. Eso sí, el elemento más importante es que en ningún caso podrá revestir una actividad reservada para el Estado.

3.2.1 Usos generales

Los usos comunes generales en sí, son aquellos que pueden realizar todos sin que necesiten de ninguna autorización administrativa para ello y de conformidad con las leyes y reglamentos[137]. Pueden realizarlo todas las personas en forma directa, ya sea individual o colectivamente, por su sola condición de tales.

Para MARIENHOFF[138] se trata de un derecho natural del individuo, de atributos inherentes a la persona humana, con lo cual estamos de acuerdo dado a la naturaleza de los usos que aquí se incluyen. *V. gr.* Los domésticos que son actividades sin las cuales el hombre no pudiese desarrollar su vida.

Una de sus caracteres más importantes es el hecho de englobar cualquier uso que no disminuya o altere sensiblemente la cantidad y calidad del agua. Otras características son las de no estar sujetos a ninguna autorización administrativa, es libre pero no ilimitado. Como principio general es gratuito y el status jurídico del usuario es impersonal, de lo contrario estaríamos frente a un uso especial y, por último, su uso en el tiempo es ilimitado por cuanto siempre que se encuentre afectado al dominio público, existe un uso común y todos tienen idéntico acceso.

---

[137] Para ZANELLA DI PIETRO es *comum é o uso aberto a todos é, em regra, gratuito. Cfr.* **ZANELLA DI PIETRO**, Maria Sylvia. *Direito... op. Cit.* p. 730.

[138] *Cfr.* **MARIENHOFF**, Miguel S. *Tratado... op. Cit.* Pp. 754 y ss.

La existencia de ellos siempre se presupone, por lo que se encuentra al margen de cualquier atribución legal. Quiere ello decir que no constituye un derecho subjetivo[139], no requiere de su reconocimiento legal para que se permita o reconozca. No obstante existe previo reconocimiento legal y está sometido a la reglamentación de los Estados, siempre primando el principio de igualdad ante la ley, no autorizándose a unos lo que, en iguales circunstancias, se prive a otros. Es éste uno de los límites a este uso, que no por general es desmedido.

Otro de los límites es no producir alteración a la calidad y el caudal de las aguas[140]. Se refiere ello a la necesaria protección de este recurso natural en aras del desarrollo sostenible y como modo de mantener el agua con los estándares mínimos para el consumo humano y animal.

Por supuesto, también encontramos el límite de no abusar del derecho de uso de las aguas. Este tipo se caracteriza por permitir la satisfacción de necesidades básicas, cuando ello traspasa esos límites dejará de ser común para convertirse en especial o aun, en privativo. Igualmente es necesario incluir aquí el no afectar ni dañar el uso de terceros.

En relación a la necesidad de obtener un título habilitante la respuesta es que no se requiere de ninguna habilitación administrativa. Anteriormente nos habíamos referido al reconocimiento legal como la posible habilitación para estos casos. Aunque queda claro que es un derecho de uso prexistente, con independencia de ello podemos decir que en última instancia podría ser contentivo de la permisión.

Ejemplos de estos tipos de uso lo constituyen los usos domésticos, los agrícolas mínimos, así como el patinaje en las zonas congeladas que lo permitan. Además se podrá pescar y navegar.

En relación con estos dos últimos usos se rigen de acuerdo a lo dispuesto en legislación correspondiente que lo reglamenta[141]; eso sí, debemos tener en cuenta que siempre que se realicen para cuestiones elementales como la alimentación para sí o para la familia y como recreación, además de realizarse con medios permitidos, no debe de existir

---

[139] Que en este sentido sería un poder del individuo reconocido y protegido por la ley. Es una situación jurídica de poder que se reconoce y protege por el ordenamiento jurídico, compuesto por un grupo de facultades unitariamente agrupadas, que se atribuyen a su titular para la satisfacción de determinados intereses abstractamente considerados, dejando a su arbitrio su ejercicio y defensa. *Vid.* **VALDÉS DÍAZ**, Caridad del C. "La relación jurídica civil" en *Derecho Civil. Parte General*. Caridad del C. Valdés Díaz. (Coordinadora). Editorial Félix Varela. La Habana. 2005. p. 86.

[140] *Cfr.* **FLORES MULERO**, Isabel y **TURUEL LOZANO**, Germán M. "Derecho de agua… *op. Cit.* p. 529.

[141] En este sentido puesto que existe un punto de conexión con la protección de las especies y de los cauces de las aguas.

problema alguno para su ejercicio. Siempre que no se convierta en actividad lucrativa o comercial que limite el acceso de otros, será un uso común.

Para algunos la navegación y la pesca se encuentran dentro de los usos comunes especiales[142]. Y sí, desde cierto punto de vista tienen razón. Estas actividades pueden encontrarse dentro de una clasificación u otra, pero tal dependerá de la finalidad del uso y de su envergadura[143].

En cuanto a la navegación habrá que analizarse si merece tener un lugar privilegiado en la norma y si de hecho, es necesaria la construcción de canales navegables en un territorio determinado[144]. No es menos cierto que constituye una fuente principal de transporte y comunicación pero a nuestra consideración ello dependerá mucho de la situación hídrica y geográfica de cada Estado. Su importancia económica es notoria e incluso en ocasiones resulta más barato el transporte por este medio.

La pesca, por otro lado, es una de las actividades principales mediante las cuales se obtienen alimentos[145]. Los peces son los principales representantes de esta actividad, donde también se incluyen los mariscos, las algas y el resto de la fauna marina. Si bien se consideran cosas de nadie y frutos de las aguas[146], igualmente su explotación se muestra reglamentada con normas de policía, principalmente referentes a los instrumentos de pesca que no se podrán usar, el modo en que se podrá realizar, los períodos de tiempo, etc. en aras de la protección de las especies y del propio ser humano.

En esencia, en el uso común general el usuario no está determinado, debe realizarse en la medida en que cada quien lo necesite sin necesidad de permisión administrativa y sin limitación de término; todo ello bajo los principios de libertad, igualdad y gratuidad.

---

[142] *Vid.* GUAITA, Aurelio. *Derecho... op. Cit.* p. 149; DELGADO PIQUERAS, Francisco. *Derecho... ob. Cit.* p.95.

[143] *V. gr.* Si nos encontramos ante el caso de una persona que se encuentra en la orilla de un río o lago, donde está permitido pescar para alimentarse estamos en presencia de un uso común igualmente si la navegación se realiza para trasladarse a sí mismo o con fines recreativos familiares. Si la cuestión se pasa de estos límites, fines de lucro por ejemplo estaremos en presencia de un uso especial.

[144] *Cfr.* MARIENHOFF, Miguel S. *Tratado... op. Cit.* p. 758.

[145] *Cfr.* MARIENHOFF, Miguel S. *Tratado... op. Cit.* p. 761.

[146] Estas cuestiones se regulan en los Códigos Civiles principalmente.

3.2.2 Usos especiales

Ya comentamos que para algunos autores[147] se encuentran dentro de los que denominan aprovechamientos especiales o privativos. Otros los destacan como un tipo de usos común; opinión con la que coincidimos por cuanto su realización no excluye al resto de las personas y no reviste un servicio público. En esencia, los consideramos como una especie dentro de los comunes, concurriendo circunstancias que lo diferencian pero su acceso es libre, son actividades de poca envergadura que no trascienden a los servicios públicos y por ello requieren de un título habilitante menos riguroso como lo es la autorización o el permiso.

Eso sí incluirlos dentro de una categoría u otra repercute en su régimen jurídico dado que si se determinan como comunes significará que para todos nace el derecho por igual, sin excepción a realizar estas actividades, que son especiales por su envergadura y por ello requieren de un título habilitante; por otro lado si se consideran privativos entonces quedará sustraído del ámbito privado su realización.

En esencia será común si de lo que se depende es de las particulares circunstancias de la actividad; será privativo si la actividad reviste una prestación estatal sustraída del ámbito de lo privado.

Dentro de sus principales características tenemos su carácter reglado dado que la Administración se encuentra en la obligación de determinar en ley cuáles serán los usos sometidos a este régimen y el procedimiento para que se declaren describiendo los requisitos para ello. Eso sí, no consideramos que pueda poseer un carácter discrecional dada la necesidad de que se cumplan todos los elementos para habilitar al sujeto determinado, no dejando al arbitrio de la Administración la permisión cuando se cumplan solo algunos de ellos.

El otro elemento característico y que lo diferencia de los usos comunes generales viene dado por el sujeto. Ya en este caso se determina debido a la necesidad de analizar si posee los requisitos para la aprobación del ejercicio de ese derecho existente. Ello no significa que el uso se otorgue solamente a un individuo sino que puede ser a una comunidad.

[147] *Vid.* Usos comunes. Usos generales y usos especiales en esta tesis.

Su finalidad principal es incrementar el poderío económico del hombre puesto que nos referimos a usos que trascienden las necesidades humanas pero no quedan fuera del ámbito privado.

Entre sus límites encontramos que no se podrá otorgar la posibilidad de este uso si se entra en contradicción con un derecho de tercero o con otro título administrativo concedido previamente[148]. Sobre todo la Administración no podrá alterar, modificar o extinguir situaciones jurídicas civiles respecto a derechos preexistentes. Como observamos se refieren esencialmente a no causar daños a terceros.

Ahora bien. Ya analizamos anteriormente lo relativo a los títulos habilitantes a través de los cuales se podrá realizar este uso y determinamos que dependerá de lo que el ordenamiento jurídico interno de cada Estado establezca. No obstante lo usual es que se utilice la figura de la autorización y no el permiso. Para ello nos remitimos allí[149].

Simplemente referir que la autorización es un acto administrativo de carácter unilateral y de naturaleza declarativa que habilita a una persona para la realización de un uso especial de las aguas terrestres debido a las circunstancias que reviste tal actividad. Este título permitirá que el administrado pueda realizar válida y legítimamente la actividad para la cual se requiere de este pronunciamiento por la Administración. En esencia variará según la actividad a la que se refiera pero habilitará al administrado para que ejecute un uso determinado.

Dentro de estos usos tenemos a la navegación, ya con fines económicos, la flotación, el establecimiento de barcas de paso y sus embarcaderos, el establecimiento de baños y zonas recreativas o deportivas, a las derivaciones temporales de agua que no pretendan el derecho al uso privativo, la utilización de embalses o tramos para hidroaviones, utilización de la fuerza hidráulica en pequeña escala, etc. También se incluyen otros como los vertidos a las aguas[150], etc.

En general estas actividades implican un mayor uso para el autorizado como consecuencia de su especial relación respecto al mismo. Tiene un carácter temporal, oneroso y sometido a la posibilidad de desaparecer por razones de policía. Entre ellos y

---

[148] *Cfr.* FLORES MULERO, Isabel y TURUEL LOZANO, Germán M. "Derecho de agua… *op. Cit.* p.531.

[149] *Vid.* Acápite 1.5. Nociones sobre los títulos habilitantes relacionados con los usos de los bienes de dominio público.

[150] *Cfr.* CASADO CASADO, Lucía. "La competencia para otorgar autorizaciones de vertido en las cuencas intercomunitarias" en *Usos del agua (Concesiones, Autorizaciones y Mercados del Agua)*. Antonio EMBID IRUJO (Director).Editorial Aranzadi. Navarra. 2013. Pp. 201- 292; TORRALBA FACI, Inés. "La Administración del dominio público hidráulico por la Confederación Hidrográfica de Ebro" en *Usos… op. Cit.* Pp. 471- 506.

los privativos existe una delgada línea que tiende a confundir, pero para ello siempre tengamos en cuenta el peso que reporta para el uso racional del agua cada actividad, si no limita su acceso al resto y no reviste un servicio público, amén de que se necesiten requisitos adicionales por las características intrínsecas a cada actividad, será un uso común especial.

3.3 Usos privativos

Para las aguas terrestres este tipo de uso es sumamente importante puesto que a través de él podrán realizarse algunos de los usos comunes, específicamente los domésticos. Cuando nos referimos a ellos en el caso de los bienes de dominio público expusimos los elementos semejantes con los usos especiales dentro de los cuales se encontraba la exigencia de requisitos adicionales en tanto la actividad reviste gran trascendencia. Sin ánimo de generalizar, lo cierto es que en el caso de las aguas terrestres este uso será siempre una actividad prestacional de servicio público. Es decir, actividades que el Estado ha reservado para sí mismo.

Se hace necesario aquí entonces diferenciar entre usuarios de las aguas y usuarios del servicio público de aguas. En relación al primero tenemos que serán todas aquellas personas naturales o jurídicas que cuentan con un título habilitante suficiente para el ejercicio de un uso privativo del agua[151]. Por tanto los usuarios del servicio público son aquellos administrados cualificados que reciben determinado beneficio a través de una actividad que realiza determinada persona natural o jurídica y para lo cual no requieren título habilitante y pagan un precio o canon por el mismo. Con ello podemos observar cómo, en relación con las aguas, serán usuarios los que realicen un uso directo de las aguas, ya sea común, especial o privativo.

Por otro lado, dentro de sus caracteres más importantes encontramos también su excepcionalidad, dado que la regla es el uso común. Por ello constituye un auténtico *ius excluendi* oponible a terceros y a la propia Administración; limitan el nacimiento de un derecho de uso. A su vez son onerosos y personales debido a que el usuario está obligado a pagar un canon por la ejecución de este uso.

[151] No serán más que los titulares de un derecho real de uso o en el caso de las aguas quien aprovecha aguas derivadas de una corriente pública. En el caso de los acueductos no sucede esto. *Cfr.* MARTÍNEZ DE NAVARRETE, Alfonso. *Diccionario Jurídico Básico*. Editorial Heliasta S.R.L. Argentina. 1995. Citado como: "usuario". Pp. 445.

Como parte de estos usos podremos encontrar además, declaraciones *ex lege* de aprovechamiento que no son más que aquellos usos autorizados por disposición legal pero que igualmente restringen los aprovechamientos por parte de otras personas[152].

Sus límites se encuentran en lo que la ley disponga y en el respeto a los derechos de terceros y al no abuso de derechos[153]. Quiere con esto decirse que amén de que al otorgarse un derecho de uso privativo se impide que nazcan para otros, no podrá lacerar los intereses de terceros; es decir, no podrá en ningún caso otorgarse si este impide un uso común general para otras personas dado que ellos son inherentes al ser humano. Igualmente no se podrán exceder en el tipo específico de uso para el cual se le consienta sino que habrá que atenerse a lo que se determinó en el momento en que se le legitimó.

Como observamos esta actividad requiere de un título habilitante superior a la autorización y encontraremos la figura de la concesión, la cual esbozamos en su momento. En materia de aguas es una manifestación sectorial de la típica concesión demanial que da surgimiento a un derecho real inscribible y transmisible, sujeto a la planificación hidrológica[154].

Lo cierto es que sea cual fuere la forma que tome no debe dejar de establecerse el tiempo por el cual se otorgará y las condiciones principales sobre el objeto de la concesión, las atribuciones de la persona a quien se le concede tras el procedimiento de selección del concesionario y la actividad de control que podrá realizar la Administración sobre la ejecución de la concesión, así como la personalización del individuo que tendrá a su cargo la posibilidad de disfrute privativo de las aguas terrestres. Será un usuario de las aguas terrestres[155].

En esencia, consideramos que la concesión se refiere a una actividad sobre la cual el Estado tiene un monopolio de Derecho por lo cual se otorga en interés público. Además

---

[152] Ejemplo de ello tenemos que el propietario de una finca puede aprovechar de las aguas pluviales que discurren en ella y las estancadas dentro de sus linderos. *Cfr.* **FLORES MULERO**, Isabel y **TURUEL LOZANO**, Germán M. "Derecho de agua… *op. Cit.* p. 533.

[153] *Cfr.* **FLORES MULERO**, Isabel y **TURUEL LOZANO**, Germán M. "Derecho de agua… *op. Cit. Ídem.*

[154] **EMBID IRUJO**, Antonio. "Evolución del Derecho y la política del agua en España" en *Revista de Administración Pública.* No. 156. Septiembre- Octubre. 2001. p. 73.

[155] No serán más que los titulares de un derecho real de uso o en el caso de las aguas quien aprovecha aguas derivadas de una corriente pública. En el caso de los acueductos no sucede esto. *Cfr.* **MARTÍNEZ DE NAVARRETE**, Alfonso. *Diccionario Jurídico Básico.* Editorial Heliasta S.R.L. Argentina. 1995. Citado como: "usuario". Pp. 445. . Por tanto los usuarios del servicio público son aquellos administrados cualificados que reciben determinado beneficio a través de una actividad que realiza determinada persona natural o jurídica y para lo cual no requieren título habilitante y pagan un precio o canon por el mismo.

otorga un derecho de uso y disfrute sobre las aguas terrestres pero de una forma muy particular, esencialmente en cuanto a la prestación de determinados servicios o en la producción agrícola e industrial.

Así mismo las legislaciones deben incluir un orden de prelación para el otorgamiento de las mismas. Ello permitirá colocar una guía para que la Administración en pos del interés común y la satisfacción de necesidades otorgue, sin arbitrariedad, las concesiones correspondientes[156].

Lo cierto es que serán actividades relacionadas con los servicios públicos como el acueducto y el alcantarillado; o la desalación de las aguas o su purificación. También tenemos la producción de energía eléctrica a gran escala, la construcción de obras hidráulicas, el sector industrial, etc. y tenemos también la irrigación y la explotación de las aguas subterráneas[157]. Entre los usos más difundidos encontramos el abastecimiento de poblaciones, de ferrocarriles, riegos, canales de navegación, barcas de paso, puentes flotantes, etc. Como podemos observar se tratan de actividades en las cuales se dispone del recurso agua para promover el uso en determinados sectores de la sociedad, y no un uso *strictu sensu*.

En general serán casi siempre actividades de amplio nivel que un particular individual no pudiese realizar por sí solo y que son medios que van a permitir determinados usos comunes generales o especiales. Son actividades que el Estado y las Administraciones se reservan para si en pos de cumplir su fin último.

---

[156] En España, por ejemplo, el orden de prelación se dispone así: abastecimiento a la población; regadíos y usos agrarios; usos industriales para producir energía eléctrica; otros usos industriales; acuicultura, usos recreativos; navegación y transporte acuático y otros. También tendremos entonces aprovechamientos meramente demaniales, privativos de aguas públicas, vinculados a un servicio público, usos superficiales y subterráneos y, en precario que se tratan de unos títulos marginales que en determinados extremos son equiparables a las concesiones administrativas, entendidas stricto sensu. *Vid.* **FLORES MULERO**, Isabel y **TURUEL LOZANO**, Germán M. "Derecho de agua. Títulos… *op. Cit.* Pp. 535 y 537.

[157] *Vid.* **DEL SAZ**, Silvia. "Concesiones de aguas subterráneas" en *Usos... op. Cit.* Pp. 457- 470.

Capítulo II- Las aguas terrestres: una mirada desde el contexto cubano.

1. Noticia histórica del dominio público en Cuba

La institución de dominio público en el país fue tratada tanto por administrativistas como por civilistas. Sus orígenes podremos encontrarlos en las nociones que se manejaban por la Corona española[158].

Ya habíamos explicado que en Latinoamérica y en las colonias españolas regían idénticas normas que en la Metrópolis hasta tanto no se dispusieron las Leyes de India que regirían para estas provincias de Ultramar[159]. Específicamente en el caso de Cuba comenzaron a dictarse normas especiales dejándola fuera de la regulación ordinaria española y es así que, amén recibir esta influencia, pensamos que florece un pensamiento jurídico nacional. Ello poco a poco fue distinguiéndose en las obras de las figuras patrias. No nos proponemos con este acápite realizar una exposición profunda y específica sobre la evolución del dominio público, sino solamente y de modo general esbozar este contenido.

Bienes de dominio público es el nombre con el que se le conoce a esta institución pero en el Antiguo Régimen se le denominaba como dominio de la Corona. Esto hacía que se confundieran con el patrimonio privado del monarca y por ello eran susceptibles de enajenación. No obstante las Leyes de Indias[160] disponían que algunos bienes pudieran ser utilizados por los vecinos de las provincias. En nuestro país sucedió esto, hasta tanto se dictaron las normas especiales que muy poco cambiaban lo que estaba dispuesto.

Más tarde cuando se le comienza a denominar dominio nacional y se separan entonces estos bienes en públicos permitiendo el uso por todos, y bienes particulares del Estado, en nuestro caso especial de las provincias y municipios. Estos temas se trataban en las cuestiones relativas a la Hacienda Pública pero siempre manifestándolo como un conjunto de bienes sometidos al uso común.

---

[158] Para ello nos remitimos al Capítulo I.

[159] *Vid.* FERNÁNDEZ BULTÉ, *Julio. Historia del Estado y el Derecho en Cuba.* Editorial Félix Varela. La Habana. 2005. p. 24.

[160] *Vid.* Libro IV, Título XVII, Ley V en *Recopilación de las Leyes de las Indias.* T.: II. Gráficas Ultra SA. Alcalá-Madrid. 1943. p. 57.

Con el triunfo revolucionario y las influencias soviéticas su denominación cambia pero el contenido de su definición continúa siendo el mismo, a partir de la determinación de cada bien que lo conforma y promoviendo su uso por todos.

En esencia la evolución del dominio público en Cuba no dista mucho de lo que sucedía en el resto del mundo, aunque si existían sus especifidades con determinados bienes. *V. gr.* las aguas terrestres. Lo cierto es que se diferenciaba del dominio privado y el Estado estaba obligado a garantizar el uso por todos. Recibió las influencias de la doctrina francesa del *domain public* y las nociones soviéticas posteriormente. No obstante siempre quedó reflejado un denominador común: eran un conjunto de bienes que se afectaban al uso público y que eran administrados por el Estado o sus diferentes entes.

1.1 Conceptos de la doctrina cubana sobre dominio público

Para dar continuidad a este acápite huelga decir que la institución de dominio público fue centro de estudios de diferentes exponentes del Derecho cubano. Comencemos por los administrativistas y luego analicemos los postulados del Código Civil español, relacionados con el tema.

Para autores como GOVÍN Y TORRES[161], el dominio público estaba constituido por un conjunto de bienes que pertenecían en pleno a la Nación, quedando fuera del comercio y cuyo uso comprendía a todos. Su lógica de pensamiento nos deja entrever como se encontraba influenciado por las doctrinas de su época pero a nuestra consideración incurre en un sensible error en su definición, puesto que declara que todos los bienes que pertenecen en pleno a la Nación se someten al uso común. Bien conocemos que todos ellos no se afectan al uso común; él posee determinados bienes que le son propios y a los cuales se les aplica el ordenamiento común por constituir un verdadero tipo de propiedad civil.

Para NÚÑEZ Y NÚÑEZ[162] el dominio público es el conjunto de bienes que debido a una determinación del Estado se encuentran afectados al uso general y público. Este autor a nuestra consideración, sintetiza los elementos esenciales que deben cumplir tal particular. Lo define como un conjunto de bienes afectados por el Estado para el uso común.

---

[161] **GOVÍN Y TORRES,** Antonio. *Elementos teórico prácticos del Derecho Administrativo vigente en Cuba.* T.: II. Burgay y Cia. La Habana. 1883- 1954.p. 72.

[162] *Vid.* **NÚÑEZ Y NÚÑEZ,** Eduardo R. *Tratado de Derecho Administrativo*. T.: II. 3ra Ed. Imprenta Casa Girón. 1920. p.240.

Por su parte LANCÍS Y SÁNCHEZ[163] no llega nunca a definir que es dominio público pero ciertamente analiza elementos que son importantes como su diferenciación con otro tipo de bienes y la institución de la afectación. Y parte en su análisis dejando claro las disímiles denominaciones que tiene esta categoría. Pensamos que uno de los méritos más importantes que podemos reconocerle es el de haber expresado que la afectación es un elemento trascendente para declarar que un bien es de dominio público[164].

Como vemos todos estos autores hacen énfasis en determinar que son bienes cuyo régimen es especial por tanto el Estado los afecta para un uso público y se rigen por normas administrativas.

Por su parte, el Código Civil español de 1889, dedicaba varios Artículos[165] para los bienes privados y públicos. Dentro de los bienes públicos determina dos tipos de bienes a su vez: los destinados al uso público y los que le pertenecen privativamente al Estado sin ser de uso común. Ello nos da la medida de la distinción que ya se va avizorando.

Igualmente realizan esta distinción en cuanto a los bienes de las provincias y los pueblos: uso común y bienes patrimoniales[166]. Además es importante decir que este Código hace alusión a determinadas propiedades especiales que a su vez podrán ser de dominio público o privado[167].

Contrastando estos contenidos podemos decir que para los civilistas los bienes públicos no son más que un tipo de propiedad civil mientras que para los administrativistas es un tipo de bienes con caracteres especiales comenzando por su régimen jurídico. En esencia estos han sido los postulados más importantes en la historia del dominio público en el país. Pasemos ahora a analizarlo en la actualidad.

2. La regulación actual del dominio público en Cuba y los usos del dominio público

Actualmente el régimen jurídico del dominio público en el país podemos encontrarlo en la Constitución, en el Decreto Ley 227/ 2002 del patrimonio estatal y en el Código Civil,

---

163 **LANCÍS SANCHEZ**, Antonio. *Derecho Administrativo*. Cultural SA. La Habana. 1945. Pp. 273 y ss.

164 **LANCÍS SANCHEZ**, Antonio. *Derecho... op. Cit. p. 276.*

165 *Vid.* Artículos 338 y ss. del Código Civil español de 1889 en *Derecho Civil español de la Península, Islas adyacentes, Cuba, Puerto Rico y Filipinas conforme al Código de 1889.* El Progreso Editorial. Madrid. 1890. p. 165.

166 *Vid.* Artículo 343 del Código Civil español de 1889.

167 *Vid.* Artículos 407 y ss. del Código Civil español de 1889.

esencialmente. Amerita que realicemos un análisis del tratamiento jurídico que se le otorga.

El Artículo 14 de la Constitución expone que en nuestro país rige el sistema de economía basada en la propiedad socialista de todo el pueblo, y a continuación el Artículo 15 dispone como una forma de propiedad a la estatal socialista de todo el pueblo. De ahí enumera a cada bien que deberá ser entendido como tal, que en otras palabras es dominio público y se incluye dentro del patrimonio estatal. Constituye ello una lista cerrada donde parece no necesitar incluirse ningún otro bien.

A continuación tenemos al Decreto Ley 227/ 2002 del patrimonio estatal[168]. Desde su Artículo 1 expone la definición de patrimonio estatal donde incluye al conjunto de bienes y derechos sujetos al régimen dispuesto en la Constitución, es decir, entre otros, la propiedad estatal socialista de todo el pueblo: el dominio público; y todos aquellos que adquiera, construya o cree el Estado.

Luego en sus Artículos 2.1 y 2.2 se agregan los tipos en que se dividen esos bienes diciendo que son de uso público, acceso libre y disfrute por todas las personas en el territorio nacional; y de servicio público, sirven al desempeño de las funciones del Estado. También agrega que con independencia del régimen especial al que se someten, serán bienes demaniales los asignados a la defensa, la seguridad y el orden público. Como vemos nada refiere sobre los posibles usos comunes o privativos.

Más tarde hace referencia a los modos de adquirir los diferentes bienes excluyendo su apropiación por parte de los particulares mediante la usucapión. Luego dispone cuestiones básicas sobre las potestades y la forma en que deben realizarse los actos de transmisión. Hasta ahora de modo escueto se hacen referencia a cuestiones básicas sobre el dominio público.

Hace la salvedad en su DISPOSICIÓN ESPECIAL CUARTA en cuanto a que los bienes del patrimonio estatal declarados patrimonio nacional se regirán por las disposiciones de la materia sin perjuicio de tal Decreto Ley, y si nos remitimos a tales, podemos observar que en una escueta norma, la Ley 1/77 de protección del patrimonio nacional, se nos dirige hacia las disposiciones del Ministerio de Cultura; un sinfín de remisiones que conducen al cansancio y a la inseguridad jurídica.

[168] En Gaceta Oficial Ordinaria No. 2 de 10 de enero de 2002.

Sin más referencias poco se regula sobre los usos generales comunes, a no ser su reconocimiento como un tipo de bienes que forman parte del patrimonio estatal; con los usos comunes especiales y los privativos: ni una referencia y menos su regulación.

Finalmente se nos remite a la norma común en defecto del resto de las normativas de esta materia, y del propio carácter subsidiario del Derecho Civil. En este sentido el Libro Segundo sobre el derecho de propiedad y otros derechos sobre bienes del Código Civil cubano en su Artículo 128.1 expone literalmente el Artículo 14, primer párrafo de la Constitución. Ya en el Artículo 136 transcribe el propio Artículo 15c y el Artículo 137 es una especie de interpretación del Artículo 1.2 del Decreto Ley 227/02. Hasta aquí no nos ilustra nada nuevo.

Más adelante expone algunas características de esto bienes como su intransmisibilidad (Artículo 138.1), su inembargabilidad y que no pueden ser ofrecidos en garantía; y el Artículo 124.a, dispone que las acciones del Estado para reivindicar sus bienes son imprescriptibles. El Artículo 139 trata de dilucidar algunas de las facultades de las empresas que designa el Estado para la administración de los bienes, reconociendo el derecho de posesión, disfrute y disposición de dichos bienes. Nada más se nos indica sobre esta materia quedando en una laguna los elementos fundamentales de tales bienes así como otras de sus características. Como vemos, nuestra normativa no hace real diferenciación entre los bienes propios del Estado y los de uso común, a ambos los regula conjuntamente y permitiendo la subsidiariedad del Código Civil.

Son estas las normas jurídicas fundamentales que regulan el dominio público en Cuba; el resto solo se dedica a desarrollar cuestiones relacionadas directamente con cada bien en específico.

Este análisis normativo de las principales regulaciones jurídicas sobre el dominio público, nos permite a su vez determinar las pocas referencias a los distintos tipos de usos de los bienes señalados. No existe claridad sobre los posibles usos, más allá del común general que a su vez representa el denominativo de una parte de este conjunto de bienes. Lo cierto es que no porque todos sean de este tipo según la ley, no puedan someterse a usos especiales. No obstante ello nos hace pensar que nuestro ordenamiento jurídico incluye dentro del uso común a los usos especiales; y dedica a los usos privativos los que destina a los servicios públicos. En esencia, la institución de los usos del dominio público se encuentra poco o casi nada utilizada y recogida al ordenar los bienes de dominio público.

3. Noticia histórica de la regulación de las aguas terrestres en Cuba

Las aguas terrestres siempre se colocaron en un lugar privilegiado. Las principales villas se fundaban de modo que los colonos pudieran abastecerse de agua para desarrollar su vida con normalidad. No obstante no fue esto el único motivo de interés en las aguas, sino también la búsqueda de riquezas para sí y para la Corona. Estas se encontraban principalmente en las arenas de los ríos o en los placeres cercanos, recibiendo el denominativo de "lavaderos de oro"[169]. Es así que constituía una actividad de gran trascendencia la que se realizaba con las aguas terrestres, principalmente los ríos.

Igualmente existían abrevaderos y fuentes en las plazas así como pozos para que las personas de las villas saciaran sus necesidades fundamentales lo cual fue posible gracias a las características del suelo rica en aguas subterráneas. Durante los primeros tiempos no se tenían mucho en cuenta las cuestiones relativas a los usos comunes y privativos.

En el año 1592 comenzó a funcionar el primer acueducto construido en Cuba para llevar el agua a la ciudad de La Habana. Llamado la Zanja Real, se abastecía del río Almendares y funcionó hasta la construcción del Acueducto de Fernando VII. Alimentaba cuatro aguadas que eran cisternas o pilones de los cuales se podía tomar directamente el agua por la población. Para ello no se exigía autorización ni permiso[170].

Cuando comienza a incrementarse la población, el abastecimiento de agua para la realización de las actividades cotidianas se fue haciendo más difícil. Comenzaron a regir las disposiciones de la Corona para sus provincias en Ultramar. Lo cierto es que durante esta época en nuestro país supuestamente debieron ser aplicadas las mismas reglas del Antiguo Régimen en España recogidas en las Leyes de Indias, pero tal era imposible debido a que las circunstancias reales y de hecho eran muy diferentes. Por ello se comienzan a dictar normas especiales como las Reales Cédulas[171] que fueron disponiendo sobre los acueductos, sobre las fuentes, etc. Eso sí, las Leyes de Indias declaraban como públicas a todas las aguas terrestres[172].

Ni la calidad ni la cantidad de aguas era ya garantizada por la Zanja Real o por el Acueducto de Fernando VII. Para el año 1893 finalmente se inaugura la obra hidráulica

---

[169] TORRES- CUEVAS, Eduardo y LOYOLA VEGA, Oscar. *Historia de Cuba. 1942- 1898. Formación y liberación de la nación.* 2da Edición. Editorial Pueblo y Educación. La Habana. 2002. p. 54.

[170] En www.hidro.cu visitado el 30 de abril de 2014.

[171] *Vid.* FERNÁNDEZ BULTÉ, *Julio. Historia del Estado... op. Cit.* p. 24.

[172] *Cfr.* VERGARA BLANCO, Alejandro. "Configuración histórica... *op. Cit.* p. 234.

más grandiosa del siglo en nuestro país: el Acueducto de Albear[173]. Se mantenían para aquel entonces las mismas disposiciones referidas para España.

La primera a la que podemos aludir, y fue de gran trascendencia e importancia fue la Ley de aguas de 13 de enero de 1879[174] puesto que recogía el régimen jurídico de las aguas terrestres y ha sido la norma jurídica más completa vigente en el país sobre esta materia. Fue la primera norma especial en este sentido ayudando a unificar el régimen de todas las aguas terrestres. Sin embargo, su antecesora no rigió[175]. Otra norma lo fue la Instrucción que regulaba lo relativo a la tramitación de expedientes para los aprovechamientos de las aguas de 13 de enero de 1891. Tal establecía los procedimientos para usar privativamente las aguas lo cual otorgaba implementando lo que la norma especial de aguas establecía.

No podemos dejar de mencionar al Código Civil español de 1889 que dentro de sus disposiciones contenía varias referencias a las aguas dentro de su Libro II, Título IV. Las concebía como un tipo especial de propiedad y separaba entre las de dominio público y privado[176]. Una larga lista cuyo denominador común era que siempre serían públicas las continuas o discontinuas en terrenos del dominio público. Se incluían los ríos, los lagos y lagunas, las aguas pluviales, las subterráneas y las sobrantes de las fuentes, cloacas y establecimientos públicos.

Además disponía que el aprovechamiento sobre las aguas públicas se adquiriera mediante concesión y por prescripción de 20 años. Como podemos observar por las características que ellos revisten, se refiere a los usos comunes especiales y a los privativos. Este Código en general, servía para completar la regulación sobre aguas terrestres y declaraba que las aguas terrestres constituían un tipo de propiedad especial debido a que eran propiedades individuales afectadas al interés público[177].

---

[173] *Vid.* www.hidro.cu visitado el 30 de abril de 2014.

[174] Hecha extensiva a la Isla de Cuba mediante Real Decreto de 9 de enero de 1891. *Cfr.* **BORGES**, Milo A. *Compilación ordenada y completa de la legislación cubana de 1899 a 1950. Vol.: I.* 2da Ed. Editorial Lex. La Habana. 1952. p. 42; **SÁNCHEZ ROCA**, *Mariano. Leyes administrativas de la República de Cuba y su jurisprudencia.* Vol.: I. Editorial Lex. La Habana. 1942. p. 9; **LAZCANO Y MAZÓN**, Andrés Ma. *Servicio público de acueducto.* Editorial Cultural SA. La Habana. 1943. p. 95.

[175] Recordemos que España dejó fuera de su legislación ordinaria a Cuba por las cuestiones que ya hemos enunciado por cuanto las características de las Colonias eran muy distantes de las de la Metrópoli.

[176] *Cfr.* Artículos 407 y ss. del Código Civil español de 1889 en Gaceta de 25 de julio de 1889.

[177] *Vid.* **NÚÑEZ Y NÚÑEZ**, Eduardo R. *Tratado... op. Cit.* p. 262.

Entre 1912 y 1941 podemos encontrar normas relativas al servicio de abastecimiento de aguas y acueductos[178] y en este sentido debemos apuntar que durante la Neocolonia se dictaron gran cantidad de disposiciones jurídicas relativas a estos últimos. Durante estos años fue vasta la creación legislativa sobre el régimen jurídico de las aguas, incluso constitucionalmente también tuvo su espacio.

En las Constituciones anteriores a 1940, la protección a la propiedad se realizaba en atención al individuo[179]. No es hasta 1940 que se le otorga un fin social a la misma, incluidas las aguas. Los Arts. 87 y 88[180] de la Constitución de 1940 declaran de modo indirecto que las aguas pertenecen al Estado y que para cualquier concesión se deberá propender al bienestar social[181].

Con el triunfo revolucionario se mantuvieron más o menos los postulados hasta ahora expresados. Si bien durante los primeros años no se hizo pronunciamiento expreso a ellas podemos inferir que en lo que no contraviniera los principios del nuevo orden social podrían ser de aplicación las normas provenientes de la Neocolonia. Sobre todo no existía un organismo estatal único que atendiera esta actividad.

---

[178] Ejemplo de ello Decreto 943 de 19 de octubre de 1912- Reglamento de abastecimiento de aguas en la Ciudad de La Habana, Decreto 461 de 17 de abril de 1916- Modificación del Reglamento de abasto de agua para La Habana, Decreto 459 de 25 de marzo de 1929- Abastecimiento de agua donde no exista acueducto, Decreto 852 de 15 de mayo de 1925- modificativo de la Instrucción de 13 de enero de 1891, Decreto 66 de 3 de enero de 1934- Reglamento sanitario de acueductos, Decreto Ley 890 de 22 de febrero de 1935- Suspensión de servicio de agua por falta de pago, Decreto Ley 787 de 4 de abril de 1936- Pesca fluvial, Decreto 1502 de 15 de mayo de 1937- Reglamento de la pesca fluvial, Decreto 1115 de 19 de mayo de 1938- se requiere a todas las personas y entidades interesadas en aprovechamientos especiales o de cualquier otra índole, de las aguas públicas de los ríos Almendares y Mordazo y de la Zanja Real para que exhiban los títulos correspondientes en la Secretaría de Sanidad y Beneficencia, Decreto 2057 de 14 de julio de 1941- Abastecimiento de agua en Camagüey y Santiago de Cuba. *Cfr.* BORGES, Milo A. *Compilación... op. Cit.* Vol.: I; SÁNCHEZ ROCA, *Mariano. Leyes... op. Cit.* Vol.: I.

[179] *Vid.* LAZCANO Y MAZÓN, Andrés Ma. *Las Constituciones de Cuba.* Ediciones Cultura Hispánica. Madrid. 1953. p. 246.

[180] **Artículo 87.** El Estado cubano reconoce la existencia y legitimidad de la propiedad privada en su más amplio concepto de función social y sin más limitaciones que aquellas que por motivos de necesidad pública o interés social establezca la Ley.

Artículo 88. El subsuelo pertenece al Estado, que podrá hacer concesiones para su explotación, conforma a lo que establezca la Ley. La propiedad minera concedida y no explotada dentro del término que fije la Ley será declarada nula y reintegrada al Estado.

La tierra, los bosques y las concesiones para la explotación del subsuelo, utilización de aguas, medios de transporte y toda otra empresa de servicios públicos, habrán de ser explotados de manera que propendan al bienestar social. *Vid.* LAZCANO Y MAZÓN, Andrés Ma. *Las Constituciones... op. Cit.* Pp. 873 y 874.

[181] Lo que claramente se explica teniendo en cuenta que la Constitución del ´40 tomó como postulado la teoría de la función social de la propiedad defendida por Duguit.

La situación era compleja al inicio. Encontramos que existían sólo 114 núcleos urbanos con acueductos y se operaban del modo siguiente: 29 por órganos estatales, 32 por los municipios y 53 por empresas privadas. Como podemos observar el contexto era crítico y sólo unos pocos podían disfrutar de este servicio. Solamente 9 poblaciones contaban con sistema de alcantarillado parcial que eran operados por el Ministerio de Obras Públicas, excepto el de Banes que era privado al igual que el de Manzanillo. Ante esto, en época tan temprana como el 20 de marzo de 1959 se crea la Comisión de Acueducto y Alcantarillado como corporación oficial, autónoma y con personalidad jurídica propia para gestionar esta actividad[182].

Con el Decreto Ley 114 de 6 de junio de 1989 se crea el Instituto Nacional de Recursos Hidráulicos (INRH) como Organismo de la Administración Central del Estado encargado de dirigir, ejecutar y controlar la aplicación de la política estatal en cuanto a las actividades de planificación y control de los recursos hídricos del país. A partir de este momento esta fue la representación estatal para el uso de las aguas terrestres en Cuba. Su labor se centró principalmente en la protección de las aguas, la proyección de obras hidráulicas, etc. bajo las normas vigentes que provenían de la República anterior.

El 24 de febrero de 1976 se proclama la Constitución de la República de Cuba y en sus Artículos 10[183], 15[184] y 27[185] se hacía un reconocimiento de las aguas como de propiedad estatal socialista de todo el pueblo partiendo de que el Estado ejerce soberanía sobre ellas y que es necesario su protección. Ello implicaba, por supuesto, que eran patrimonio del pueblo en su conjunto y que se encontraran bajo "un régimen jurídico- administrativo"[186].

Se entendía así que sobre ellas no se podrían otorgar concesiones puesto que la explotación no se le otorgaba a ninguna empresa privada sino a empresas públicas,

---

[182] En www.hidro.cu visitado el 30 de abril de 2014.

[183] Artículo 10. El Estado socialista cubano ejerce su soberanía:
Sobre todo el territorio nacional …
Sobre los recursos naturales y vivos…

[184] Artículo 15. La propiedad estatal socialista, que es la propiedad de todo el pueblo, se establece irreversiblemente sobre (…), las aguas…

[185] Artículo 27. Para asegura el bienestar de los ciudadanos, el Estado y la sociedad protegen la naturaleza. Incumbe a los órganos competentes y además a cada ciudadano, velar porque sean mantenidas limpias las aguas…

[186] *Vid.* **ÁLVAREZ TABÍO**, Fernando. *Comentarios a la Constitución socialista*. Editorial Pueblo y Educación. La Habana. 1988. p. 84.

estatales[187]. La Constitución fue modificada sucesivamente y los Artículos mencionados quedaron redactados de modo distinto. Además vinieron ligadas a cambios en nuestra realidad, por tanto ya la idea de otorgar concesiones para la explotación de las aguas se hacía posible.

Para el año 1977 se adscribe la administración de los servicios de acueducto y alcantarillado a los Gobiernos Provinciales a través de la Empresa de Servicios Comunales pero en 1989 pasan a las Direcciones Provinciales de Acueducto y Alcantarillado[188].

Finalmente el 1 de julio de 1993 se promulga el Decreto Ley 138 de las aguas terrestres donde quedaría regulado lo relativo a éstas, desde la perspectiva de su control y administración así como su uso racional. Fue esta la norma base que dispusiera las cuestiones fundamentales sobre este recurso y que se encuentra actualmente vigente en espera de una modificación. En relación con los usos de las aguas y su régimen jurídico poco esclareció.

Dispone sobre la labor del INRH quien será el responsable de las aguas terrestres y dirigirá y controlará las actividades relacionadas con este recurso natural[189].

Más adelante incluye un capítulo denominado "Del aprovechamiento y el uso racional de las aguas terrestres". De forma general en su sección primera se incluyen especificaciones sobre el uso de las aguas por los diferentes usuarios y los límites y las obligaciones a que se someten. Debería ser en este sitio donde se definen cuáles son los diferentes usos, sin embargo el legislador decidió solamente hacer alusión a determinados elementos que deben tener en cuenta los usuarios de las aguas y las atribuciones de determinados Órganos de la Administración Central del Estado (OACE).

En su sección segunda hace referencia a las cuestiones económicas para promover el uso eficiente de las aguas y confunde a los usuarios de las aguas terrestres con los usuarios del servicio público de acueducto u otra forma de provisión de aguas[190].

---

[187] *Cfr.* VEGA VEGA, Juan. *Derecho Constitucional Revolucionario en Cuba.* Editorial de Ciencias Sociales. La Habana. 1988. p. 152.

[188] *Vid.* www.hidro.cu visitado el 30 de abril de 2014.

[189] *Vid.* Artículo 2 del Decreto Ley 138/ 1993 de las aguas terrestres y Artículo 1 del Decreto Ley 114/ 1989 Creación del Instituto Nacional de Recursos Hidráulicos.

[190] *Vid.* Artículo 11 del citado Decreto Ley.

Luego trata otros elementos como los relativos a la preservación y el saneamiento de las aguas terrestres así como la protección de las fuentes, cursos naturales de agua y las obras e instalaciones hidráulicas. Continúa con enunciados relacionados con la administración de los recursos hídricos donde de una forma u otra se puede interpretar que de modo muy poco sistémico se refiere a los usos comunes especiales y a los privativos. Ya en la DISPOSICIÓN FINAL SEGUNDA se dispone la aplicación supletoria de la Ley ambiental y de otras como las Disposiciones sanitarias básicas y el Código Civil.
Realmente esta norma no se puede comparar con su antecesora, tiene un escueto glosario de términos y deja a la interpretación de los lectores cuáles son los elementos que conforman actualmente las aguas terrestres en Cuba. Además no regula el régimen jurídico de ellos por lo cual tampoco incluye los diferentes usos y menos enuncia los títulos habilitantes para ello.

La ley ambiental por su parte, posee algunas referencias desde el punto de vista de su protección como recurso natural[191]. Por último tenemos la vigente Política de Aguas que recoge cuestiones relativas a las características hídricas de la Isla y al uso racional de las aguas terrestres. Propone la actualización y jerarquización de la normativa de aguas a tenor de la inamovilidad de las normas jurídicas y técnicas que rigen la gestión de las aguas[192].

Hace alusión al conjunto de estructuras y obras hidráulicas existentes y se refiere a los usos de las aguas en relación a la disponibilidad en volúmenes cúbicos y a los sectores más consumidores de las mismas. También existen planes de ordenamiento territorial de las cuencas que disponen los volúmenes de utilización y lo relativo al saneamiento y protección de las obras hidráulicas.

En general este ha sido el devenir histórico de las aguas en el país. Como podemos observar en un principio su régimen jurídico no diferirá mucho del régimen español, luego irá tomando su camino con disposiciones independientes y elaboradas para luego volver a decaer tras el ´59. En relación a su naturaleza jurídica surtió la misma suerte que en el mundo: fue regalía de la Corona, luego bien nacional y por último dominio público.

Hoy por hoy, en momentos de actualización de nuestro modelo económico esta materia reviste gran importancia. El reajuste de su régimen jurídico permitirá el uso eficiente y

[191] *Vid.* Ley 81/ 1997 del Medio Ambiente en Gaceta Oficial Extraordinaria No. 7 de 11 de julio de 1997.

[192] *Vid.* Política Nacional del Agua. Epígrafe II. 6 Contexto institucional y legal.

equitativo, la modernización de la infraestructura hídrica y el perfeccionamiento del ordenamiento jurídico en materia de aguas, todo ello para que la Administración Pública pueda cumplir eficientemente con su fin último.

4. Aguas terrestres como bienes de dominio público en Cuba

Ya veíamos como se comportó la evolución histórica de la regulación jurídica de las aguas terrestres en el país. Actualmente su naturaleza jurídica es pública y veremos por qué.

En primer lugar, las condiciones geográficas de Cuba. Es una isla alargada y estrecha, lo que lleva consigo que los ríos sean cortos y poco caudalosos; existiendo una temporada seca y otra lluviosa donde las precipitaciones son escasas pero constituyen la mayor fuente de obtención de aguas[193] para el país. Súmesele que como las aguas superficiales y las subterráneas tienen vínculos las hacen más vulnerables ante la posible contaminación, además de la baja eficiencia de los sistemas y las malas prácticas en su uso. De aquí que las masas de agua con las que cuenta el país se resumen en ríos, presas, lagunas, embalses, las subterráneas y las pluviales. Debido a ello la disponibilidad hídrica se convierte en una tarea de especial trascendencia para el desarrollo.

Por otro lado, las aguas terrestres son imprescindibles para el ser humano y el resto de los seres vivos. Por lo tanto, el Estado ante nuestra situación se encuentra en la obligación de garantizar que cada persona pueda acceder a ellas para satisfacer sus necesidades básicas. Como vemos se nos muestra un primer elemento que asumimos sea el punto de partida para su declaración y reconocimiento como bien de dominio público: a partir de la escasa disponibilidad de las mismas, debido a nuestras características geográficas y puesto que reviste gran importancia y trascendencia para el país y para el desarrollo humano.

Ahora bien, esta cuestión no es suficiente para afirmar que en el país las aguas terrestres constituyen un bien de dominio público. Los elementos de hecho deben trascender al Derecho. Es así que encontramos el reconocimiento legal de estos bienes como afectados a un fin público. Desde la Constitución, esencialmente en el Artículo 15 que ya analizamos. En él se declaran a las aguas terrestres como de propiedad estatal socialista de todo el pueblo; como dominio público.

---

[193] *Cfr.* COLECTIVO DE AUTORES. *Geografía general.10°.* Editorial Pueblo y Educación. La Habana. 1992. p. 90.

Por su parte el Decreto Ley 138/ 1993 de las aguas terrestres, si bien no las ordena desde el punto de vista que aquí analizamos, si lo hace partiendo de lo indispensable de su protección como recurso natural[194]. No obstante, se sobreentiende que constituye un bien afectado al uso público. Igualmente es este el espíritu de la Política Nacional de Agua que expone todo lo relativo al funcionamiento y administración de los recursos hidráulicos, reconociendo incluso los vacíos legislativos con que cuenta la materia en el país.

Además aunque no se declare se aplica el principio de unidad de cuenca o de unidad de la corriente[195], siendo este otro elemento que confluye para la declaración de las aguas con una naturaleza jurídica pública.

Sumémosle también los postulados del Código Civil que si bien no se refieren directamente a las aguas terrestres como un tipo de propiedad especial como lo hacía su antecesor, es igualmente aplicable lo que se dispone para todos los bienes de propiedad estatal socialista de todo el pueblo.

Es decir, las aguas en Cuba sin excepción se han publificado a través de su reconocimiento como tal legalmente, no obstante todos los "imperfectos" existentes. Serán además administradas por entes públicos rectorados por el INRH, que se encuentran obligados a permitir que se cumplan los usos para los cuales se han destinado, que no solamente son los comunes.

Siendo esto un elemento importante para poder afirmar que constituyen bienes de dominio público, habrá que referir además como con esta destinación se reconoce su afectación al uso común general sin necesidad de autorización, permiso o concesión. Se deduce por tanto que será esta la regla, todas las aguas están sujetas al uso de todos para la satisfacción de las necesidades básicas y con las limitaciones que posteriormente analizaremos. En cuanto a los usos especiales y privativos el Instituto Nacional de Recursos Hidráulicos deberá encargarse de regularlos y es esta una cuestión poco tratada.

Por último, ellas a partir de lo expuesto constituyen bienes imprescriptibles, inalienables e inembargables, todas cuestiones que se interpretan de la propia declaración como bien de dominio público y de los pronunciamientos del Código Civil[196].

---

[194] *Vid.* Artículo 1 del Decreto Ley 138/ 1993 de las aguas terrestres.

[195] Es este el criterio de los especialistas del INRH.

[196] *Cfr.* Artículos 124, 138.1 y 138.3 del Código Civil cubano.

En esencia, las aguas terrestres en Cuba, sin excepción son públicas, no existen aguas privadas. Las razones son muy claras, ha sido esta la solución que ha encontrado el Estado para proteger las aguas terrestres, promover y garantizar su uso por parte de todos teniendo en cuenta lo escaso del recurso en el país.

4.1 Elementos esenciales de las aguas terrestres en Cuba

4.1.1 Definición y naturaleza jurídica

En nuestro ordenamiento jurídico solamente existe una definición legal de las aguas terrestres en el Artículo 1.3 del Decreto Ley 164/ 1996 Reglamento de la pesca, y podemos deducir del Artículo 94 de la Ley 81/ 1997 del medio ambiente, que incluirá a todas las aguas ya sean superficiales o subterráneas. A nuestro criterio la función de este Artículo no es realizar una definición acabada sino simplemente ilustrar y guiar, pues tal concepto debería establecerse en la norma rectora de las aguas; dígase el Decreto Ley 138/ 1993 de las aguas terrestres. Ya hemos descrito algunas de las deficiencias de esta norma no obstante debemos agregar que la indefinición de este concepto así como las definiciones técnicas de los elementos que conforman los recursos hídricos en general, la hacen muy incompleta. Por su parte el Reglamento de Pesca la enuncia[197] diferenciándolas de las acuáticas.

Siendo así nos corresponde exponer las líneas fundamentales que se pudieran tener en cuenta para realizar una definición adecuada lo cual contribuiría en esencia, a que se delimite este bien de dominio público y sobre el cual podrán exigirse el cumplimiento de lo que en la norma correspondiente se disponga.

La definiremos partiendo de tres líneas fundamentales que a nuestro juicio sirven de guía para desentrañar su esencia; la primera responde a "qué son", la segunda "cómo son" y por último, "qué se puede hacer con ellas". Por tanto *aguas terrestres* en el caso cubano, serán un bien público, mueble o inmueble que puede encontrarse estancado o continuamente fluyendo sobre la corteza terrestre o bajo esta y que se somete al uso común, al uso especial o al uso privativo de los habitantes del territorio. Es así que esta breve definición pudiese ser tomada en cuenta para una elaboración acabada e incluirla en norma jurídica correspondiente.

---

[197] *Vid.* Artículo 1.3 y 1.4 del Decreto Ley 164/ 1996 Reglamento de Pesca.

Nos encontramos aquí entonces con la naturaleza jurídica de las aguas terrestres que debe quedar expresada en su definición. Nuestro ordenamiento jurídico no hace alusión a ello expresamente pero se puede interpretar. Partamos de la propia Carta Magna que en el Artículo 11c dispone que sobre las aguas, el Estado ejerza soberanía, es decir, decidirá sobre ellas. Igualmente el citado Artículo 15a, dispone que serán un bien de dominio público. Por tanto le es aplicable el Decreto Ley 227/ 2002 del patrimonio estatal, lo que agrega que son un bien que conforma el patrimonio del Estado, y que podrá ser de uso público o de servicio público; y los preceptos del Código Civil relativos a los bienes de propiedad estatal socialista de todo el pueblo; las aguas por sus características clasifican en ambos. El Decreto Ley 138/ 1993 de las aguas terrestres, por su parte nada parece expresar en relación a la naturaleza de las aguas y tampoco la Política Nacional del Agua. Como vemos la naturaleza jurídica de las aguas no ha sido muy tenida en cuenta para su regulación. Da al traste con el hecho de que las normas se han convertido en más técnicas que jurídicas cuando realmente lo que debiera suceder es que confluyan ambas cuestiones.

Sobre la clasificación en bienes muebles o inmuebles nos remitimos al Capítulo I y solo agregar que en el país no se alude a ello ni siquiera en el Código Civil. No obstante siempre que cumplan el requisito de poder ser separadas del suelo al que se fijan o corran son muebles, si ocurre lo contrario son inmuebles y la trascendencia de definir este tema extremadamente práctico es por la trascendencia procesal y en materia penal, por ejemplo.

En otro sentido, en Cuba las aguas han sido declaradas legalmente como públicas sin excepción, y ha dado lugar a derechos de uso por parte de los ciudadanos. Esto por supuesto respondiendo a los fundamentos del Estado cubano, a nuestras características hídricas y a la importancia, la utilidad y la peligrosidad que pueden revestir para la economía del país. Además aunque no se expresa, el Instituto Nacional de Recursos Hidráulicos defiende el principio de unidad de cuenca o de la corriente, considerando que todas las aguas están interconectadas y forman una unidad, por tanto ellas aunque parezcan varias son la misma y en conclusión, todas son estatales y se encuentran bajo su administración y control.

En resumen la naturaleza jurídica de las aguas terrestres en Cuba queda dispuesta en la Constitución, en la norma del patrimonio estatal y en el Código Civil: son de propiedad estatal socialista de todo el pueblo, de uso común o de servicio público; es decir, bienes de dominio público. Debido a la forma en que queda articulada su gestión y control consideramos que no es tan *res communis* sino que casi siempre se requiere de autorización para realizar un determinado uso de las mismas al no encontrarse regulados y definidos los diferentes tipos de aprovechamiento.

Por último debemos apuntar que lo más fundamental que debe refrendar siempre la norma de agua que se promulgue, y de aquí debe partir, es reconocer a las aguas como un bien que por naturaleza se encuentra sometido al uso común, es de dominio público y lo administra el Estado a través de alguna institución en aras de satisfacer las necesidades de la sociedad que gobierna y que solo por excepción puede someterse a un uso privativo.

4.2 Clasificación de las aguas y su régimen jurídico

Esta es otra cuestión que no fue tratada tras derogar la Ley de Aguas española que estuvo vigente hasta el año 1993 en nuestro país. Las razones reales no son claras, mas quisiéramos pensar que como se cuenta con la asesoría de ingenieros hidráulicos y geógrafos cuando se presente alguna situación se podría tomar la mejor decisión sobre los principios de que respondan a satisfacer el interés común. No obstante no queremos dejar de lado este tema, y consideramos que la Ley española de aguas que estuvo vigente en la Isla es un buen referente, aunque bien puede recibir críticas. Por tanto expondremos nuestros criterios sobre cómo podría ser introducida la clasificación de las aguas terrestres y su régimen jurídico en el ordenamiento cubano.

Debemos partir de las características hídricas del país que explican ampliamente porque se han declarado todas las aguas como públicas y se sigue una política tan rigurosa en relación a su uso y aprovechamiento y que ya esbozamos[198].

Existen en el país ríos, embalses, lagunas, manantiales, aguas subterráneas, etc. Si bien este es un tema para desarrollarlo en una investigación diferente esbozaremos algunos elementos que no debemos dejar pasar por alto.

4.2.1 Aguas pluviales

Hablamos de que son las precipitaciones la principal fuente de agua en el país[199] pero qué régimen jurídico tienen esas aguas pluviales. Siendo ellas un exponente esencial dentro

[198] *Vid. supra* Acápite 4.

de los recursos hidráulicos en el país se hace necesario plasmar elementos muy esenciales para su regulación jurídica. Debemos partir de que es agua pluvial la que cae inmediatamente de las nubes sin mezclarse con otro tipo de agua[200]. A nuestro criterio es importante diferenciar la siguiente cuestión: será agua de lluvia siempre que al caer pueda ser perfectamente individualizable; si por el contrario, se mezcla con las aguas de un río o un embalse, ya deja de ser tal para convertirse en esto.

En cuanto al primer caso pudiéramos decir que es un verdadero bien común pudiendo cualquier persona, sin necesidad de un título habilitante, apropiarse de ella para realizar un uso común. Pero tal particular debe ser reconocido legalmente por cuanto pueden darse determinadas limitaciones sobre los lugares donde se puede hacer uso de estas aguas. Es decir, si la lluvia cae sobre una plaza pública, sobre las calles u otro puede cumplirse el postulado de uso común. Nos estaríamos adhiriendo a la teoría que considera como *cosas de nadie* a las aguas que caen en terrenos públicos. Para el caso de que caigan sobre un fundo privado su propietario puede adueñarse de ellas. Sin embargo, si caen sobre un lugar que conforma una estructura hidráulica, destinada a almacenar aguas, es lógico que tal cuestión deba quedar limitada en ley. Ahora bien si se mezcla con otras aguas seguirá el régimen jurídico de ellas. Como podemos observar este tema es un tanto complicado, por ello deben continuar realizándose investigaciones sobre ello pero en resumidas líneas se debe tener en cuenta lo expuesto anteriormente.

4.2.2 Aguas vivas, manantiales y corrientes

Ciertamente en el país tenemos mucho de estos tipos de masas de agua. En el caso de los manantiales por ejemplo, sabemos que su naturaleza jurídica es pública. Estarán igualmente sometidos a determinados límites en cuanto a su uso, principalmente los que confluyan para lograr su protección frente a la contaminación. Normalmente los ojos de agua son el alumbramiento de aguas subterráneas y en ocasiones de ellos nace un río. Es así que podemos ver cómo se encuentran interconectados estos elementos. A nuestro criterio, de ellos, siempre que no se agoten, se puede hacer un uso para satisfacer necesidades humanas y las domésticas mínimas. Los límites vendrán dados en cuanto a la no contaminación y el derecho de terceros.

---

[199] Amén de ser escasas. *Cfr.* S/A. *Lecturas geográficas*. Editorial Pueblo y Educación. La Habana. 1972. p. 154.
[200] *Vid.* Capítulo I de esta tesis.

Por su parte se dice que los ríos en Cuba son intermitentes, de ahí que resulte importante definir de qué forma se podrá hacer uso de ellos, además conociendo que muchos de ellos se encuentran embalsados[201]. En la doctrina existe una distinción para ello entre ríos navegables y no navegables[202]. Habrá entonces que analizar cuales, en el país, pertenecerían a cada clasificación y de ahí definir para los ríos navegables cuáles actividades que vayan más allá de las comunes requieran de autorización o concesión, mientras que el resto podrán realizarse por todos con los límites de su protección y el derecho de terceros. Este tema entonces tiene que ver con la navegación fluvial por lo cual el organismo rector de esta actividad en coordinación con el Instituto Nacional de Recursos Hidráulicos deberán regular las especificidades.

Pero cuando existen ríos que se convierten en tal por las precipitaciones y luego van mermando para en ocasiones convertirse en torrentes, les denominamos arroyos. Con ellos pensamos que dependiendo de las características de cada uno habrá que ser exhaustivo en la regulación de sus usos para evitar que se agoten completamente o, al menos, para que su duración sea la más prolongada posible en aras de su utilización para la cobertura de necesidades tanto humanas como para la economía.

Hasta aquí lo relativo a las aguas que se mantienen continuamente fluyendo, son de dominio público y en dependencia de la importancia que revistan para la economía y el desarrollo del país estará la posibilidad de ser usados por todos o por un selecto grupo.

4.2.3 Aguas muertas o dormidas

En esta clasificación incluiremos a los embalses y a las lagunas, sin perjuicio de otros elementos que también pueden integrarlas. En el país las Empresas de Aprovechamiento Hidráulico y las Direcciones Provinciales de Recursos Hidráulicos son las que tienen a su cargo la administración de estas masas de agua. Normalmente en ellas se permite la pesca de orilla como uso común y la navegación. Ya otro tipo de uso si requiere de autorización o concesión[203]. Estas son obras hidráulicas de gran importancia para momentos de sequía o cualquier desastre natural y como reserva para los trasvases y el abastecimiento poblacional, de ahí que sea muy importante determinar su régimen jurídico.

---

[201] *Vid.* www.hidro.cu visitado el 30 de abril de 2014.

[202] *Vid.* **MARIENHOFF**, Miguel S. *Tratado... op. Cit.* Pp. 462 y ss.

[203] *Cfr.* Resolución 12/ 1991 del INRH en Gaceta Oficial Ordinaria de 7 de mayo de 1991.

4.2.4 Aguas subterráneas

En el país estas son abundantes[204] y han sido declaradas igualmente públicas, aunque no con tal especificidad sino a partir de la declaración constitucional; pero no se distingue correctamente si se regirán por lo que se disponga sobre los suelos o sobre las aguas como recurso. Todo parece indicar que tienen un régimen particular y diferente del de los suelos debido a que para su alumbramiento y posterior utilización se requiere de una autorización del Instituto Nacional de Recursos Hidráulicos. Además debe pagarse un precio si su extracción se realiza a través de medios de dicho organismo y aún por abastecerse de ella debido a que como todas las aguas se encuentran conectadas estas han pasado por procesos de saneamiento y purificación que permiten su uso[205]. No obstante, no siempre sucede de este modo. Cierta es la interconexión pero más real es la contaminación a la que se encuentran sujetas muchas de estas masas de agua. Por tanto este particular debería ser revisado.

En general, las aguas subterráneas no deberían ser alumbradas sin autorización por el peligro de contaminación y aun que de ella nutra determinada cuenca y tal pueda afectar su disponibilidad. Pero fuera de ello si se debe permitir que el abastecimiento humano y para cultivos de menor escala sean dos fines para los cuales se utilicen; ya los que afecten la disponibilidad o la posibilidad de uso por otras personas si deben requerir de un título habilitante.

5. Usos de las aguas terrestres en Cuba

5.1 Usos comunes

5.1.1 Usos generales

Cuando hagamos referencia a este tipo de usos debemos pensar en aquellos que podrá realizar cualquier persona para satisfacer necesidades personales, ya sean para su subsistencia o para su ocio, por lo cual no implican una disminución sustancial de la cantidad y la calidad del agua y deben efectuarse de acuerdo a los límites y regulaciones que establezcan las normas jurídicas para cada uso en particular.

De aquí tendremos entonces sus características principales. Podemos destacar que los sujetos de los usos comunes son, esencialmente, las personas naturales, aunque bien

[204] *Cfr.* COLECTIVO DE AUTORES. *Geografía... op. Cit.* p. 90.

[205] Es esta la opinión de los especialistas del Instituto Nacional de Recursos Hidráulicos.

pudiese darse en algún caso que lo sean las personas jurídicas. No obstante pensamos que serían casos raros debido a que las entidades, nacionales o extranjeras en el país siempre necesitan de la permisión del Instituto Nacional de Recursos Hidráulicos para realizar cualquier actividad que implique a las aguas[206]. En esencia no se encuentran personalizados los individuos que realizarán usos de este tipo.

La definición también nos ilustra sobre cuáles son las especies de este uso común general. Encontramos aquellos necesarios para la subsistencia y otros referidos al ocio de cada individuo. En el primer caso tendremos los domésticos[207] y a aquellos que no siéndolo directamente, implican el desarrollo de otras actividades cuyo fin es el sostenimiento familiar, esencialmente abrevar el ganado y el riego de los sembrados de pequeña escala para el consumo propio como por ejemplo una huerta.

Dentro de los referidos al ocio podemos incluir la pesca, la navegación, los deportes acuáticos, los baños en las orillas de los ríos y embalses cuando esté permitido, etc. La pesca[208] debe ser recreativa o para la subsistencia; lo mismo sucede con la navegación. Aunque ambas son actividades regidas por regulaciones especiales consideramos que, mientras cumplan los requisitos expuestos, deberían considerarse como usos comunes generales.

Continuando con las características tenemos que los usos que se realicen no pueden afectar la cantidad o la calidad de las aguas sustancialmente en pos de permitir el uso del resto de las personas. Esto constituye uno de sus límites. En el país esta característica toma matices superiores teniendo en cuenta ante todo la Política Nacional de Aguas que

---

206 Ya habíamos dejado claro que no existe mucho desarrollo jurídico en relación a estos temas y según especialistas del Instituto Nacional de Recursos Hidráulicos no existen normas que dispongan directamente para cuáles actividades se requiere de su aprobación y menos el procedimiento para hacerlo; simplemente se hace por práctica jurídica. Cuestión que evidentemente se debe arreglar.

207 *V. gr.* Beber, lavar, cocinar, bañarse, llenar cisternas y tanques, riego de plantas domésticas, etc., ya sea tomándolo directamente o a través del servicio de acueducto. Observar que en ningún momento hacemos referencia al llenado de piscinas que podría incluirse como actividad de diversión, al lavado de autos o al riego del césped. Estas actividades en el país se encuentran limitadas al no constituir necesidades básicas y por la escasez de aguas terrestres durante casi todo el año. Además no se incluyen dentro del derecho humano al saneamiento y al acceso al agua potable. *Vid.* **FLORES MULERO**, Isabel y **TURUEL LOZANO**, Germán M. "Derecho de agua. Títulos… *op. Cit.* p. 506.

208 La pesca puede hacerse de varias formas utilizando varios artefactos. Por ello encontraremos la pesca de orilla, la pesca en flotación y la pesca mediante redes u otras artes de pesca y que varían según sus fines. No obstante esta no es la clasificación que regula el Reglamento de la pesca. En el caso de la primera no nos queda duda de su clasificación como un uso general, sobre el resto habría que profundizar, pero en última instancia, al encontrarse reglamentado que requieren de un título se pueden considerar como comunes especiales. *Vid.* Decreto Ley 164/ 1996 Reglamento de la pesca en Gaceta Oficial Ordinaria No. 26 de lunes 22 de julio de 1996.

se refiere a un uso racional y equitativo de las mismas; y la escasa disponibilidad teniendo que gestionarse eficientemente el recurso para no encontrarnos inmersos en una situación de extrema sequía.

Por último encontramos también que este tipo de uso en el país debe realizarse de acuerdo a lo que dispongan las normas especiales para cada uno. Es así que tendremos que en los casos de usos domésticos cuando se tomen las aguas a través del servicio de acueductos será oneroso[209], sin embargo si se realiza directamente de un río, o de un pozo no conectado al sistema de tratamiento de aguas será gratuito. Igualmente existirán limitaciones, por ejemplo, sobre qué especies pueden ser pescadas, de qué forma, dónde se podrá navegar, qué extensión de tierra será considerada una huerta, hasta cuantas cabezas de ganado se considerará su abrevado como uso general e indispensable, etc. Todos ellos como ya expresamos, dispuestos en las normas correspondientes[210].

Por regla general tendremos que su uso en el tiempo es ilimitado lo que quiere decir que siempre que las aguas se encuentren declaradas como bien de dominio público nace el derecho de uso común general. Además su acceso es libre y en principio gratuito. Las limitaciones estarán en concordancia con la política hídrica y con lo que se desea proteger, siempre respetando el derecho de terceros y no se requiere de ningún título habilitante para su ejercicio.

Nos corresponde entonces enunciar cuáles son los usos comunes generales que debieran ser regulados jurídicamente en el país así como sus razones, partiendo de su actual régimen jurídico. Comencemos por los usos domésticos.

Usos domésticos

El Decreto Ley 138/ 1993 de las aguas terrestres no hace alusión a los usos comunes, por tanto no refiere a los domésticos como tal y tampoco los define. No obstante encontramos varios Artículos relacionados con el pago del servicio de acueducto[211], cuestiones relativas

[209] Es importante aclarar que el derecho de uso como tal no resulta oneroso sino que el precio que se paga es en razón de la prestación del servicio público de acueductos. *Vid.* Artículo 12 y ss. del Decreto Ley 138/ 1993 de las aguas terrestres en Gaceta Oficial Ordinaria No. 9 de 2 de julio de 1993.

[210] *V. gr.* Reglamento de la pesca, Ley 115/ 2013 de la navegación marítima, fluvial y lacustre y su Reglamento el Decreto 317/ 2013, Resolución 11/ 1995 Reglamento de la prestación y el cobro de los servicios de abasto de agua y de alcantarillado al sector doméstico, disposiciones del Ministerio de la Agricultura, etc.

[211] *Vid.* Artículos del 11- 14 del Decreto Ley 138/ 1993 de las aguas terrestres.

a la captación de aguas[212] y a los usos domésticos en general[213]. En primer lugar, dispone que para los usuarios domésticos se cobre el servicio de provisión de agua siempre que lo reciban a través de acueductos, sistemas o medios operados por terceros, terceros autorizados agregaríamos nosotros. Además debe contar con la conexión intradomiciliaria y que el servicio resulte adecuado en calidad y cantidad. Quiere decir que fuera de estos casos el servicio no se cobrará.

El Artículo 24 por su parte regula la prohibición sin la autorización del Instituto Nacional de Recursos Hidráulicos, entre otros, de ejecutar cualquier obra o trabajo destinado a captar aguas superficiales. Ello nos hace pensar que aun cuando sea para fines domésticos la captación de agua por medios propios y para la subsistencia, de fuentes naturales, requiere previamente de recibir autorización expresa. Es una cuestión que merece ser revisada, si bien se debe contratar para recibir el servicio de acueducto, para captaciones directas consideramos exagerado ese procedimiento. Pero además tal disposición se contradice con lo que regula el Artículo 41 al decir que no se requiere de *otorgamiento* para el uso de las aguas con fines domésticos siempre que se cumplan determinadas circunstancias. Como hemos visto el Decreto Ley 138/ 1993 de las aguas terrestres es muy parco y asistemático en relación a estas cuestiones.

Por otro lado tenemos la Resolución 6/ 1996 del Instituto Nacional de Recursos Hidráulicos, de las reglas para el cobro del derecho de uso y el servicio de provisión de aguas terrestres. Aunque dedica gran parte de su articulado a lo que denomina usuarios no domésticos refiere las diferencias de estos con lo domésticos, de donde podemos deducir que se reconocen usos comunes generales a los usuarios domésticos. Fuera de eso no regula nada más trascendente a los efectos analizados.

Encontramos, por último, la Resolución 11/ 1995 del INRH, Reglamento de la prestación y el cobro de los servicios de abasto de agua y de alcantarillado al sector doméstico. A lo largo de su contenido regula cuestiones relativas a la prestación del servicio, incluyendo los elementos del contrato que incluye este servicio. También quedan reguladas como prohibiciones los límites a este tipo de uso común general. Ello nos demuestra que aun en una norma especial y de menor rango legal se regulan especificidades de este tipo de uso.

---

[212] *Vid.* Artículo 24 del Decreto Ley 138/ 1993 de las aguas terrestres.

[213] *Vid.* Artículo 41del Decreto Ley 138/ 1993 de las aguas terrestres.

En esencia resultan una serie de restricciones que permiten un uso eficiente y racional de las aguas[214].

Otros usos como los de abrevar al ganado y el riego de pequeños sembrados no se encuentran regulados en las normas de agua tal y como lo referimos aquí sino de modo que se requiere de autorización por implicar grandes extensiones de tierra o gran cantidad de animales de labranza[215]. No obstante consideramos que tales elementos deben referirse en la ley especial relacionada con las aguas y su reglamentación debe realizarse por el Instituto Nacional de Recursos Hidráulicos en conjunto con el Ministerio de la Agricultura. Deberá efectuarse una distinción teniendo como indicadores la extensión de las tierras y la cantidad de animales que se posean en relación al consumo mínimo que requieran.

Otros usos no domésticos: la pesca y la navegación

Dentro de ellos nos ocuparemos especialmente de la pesca y de la navegación por la importancia que revisten, lo cual no significa que sean los únicos. En el país son poco tratadas estas actividades por las características de los ríos esencialmente.

El Decreto Ley 138/ 1993 de las aguas terrestres por su parte, no hace alusión a la pesca. Esta actividad se regula en el país en el Decreto Ley 164/ 1996 Reglamento de Pesca y en el Decreto 103/ 1982 Reglamento de la pesca no comercial, esencialmente. A los efectos del tipo de uso que analizamos estas normas nos muestran cómo se regula.

El Decreto Ley 164/ 1996 dispone que se entiende por pesca y la clasifica en tres tipos: la comercial, la deportiva y la de investigación. De estas tres la que califica como un uso común general es la pesca deportiva y así lo ilustra el Artículo 1.6 cuando regula que esta es la captura de organismos acuáticos para el consumo doméstico sin que medie ánimo de lucro, con fines recreativos y de esparcimiento y con fines competitivos. El resto serán constitutivas de un uso común privativo. De aquí notamos las características

[214] *V. gr.* Artículo 35 de la Resolución 11/ 1995 Reglamento de la prestación y el cobro de los servicios de abasto de agua y de alcantarillado al sector doméstico. Entre otros: emplear equipos de bombeo para extraer agua directamente de las tuberías maestras, o hacer conexiones clandestinas a ésta; instalar inodoros o urinarios con corriente continua de agua; mantener los grifos de agua abiertos sin usarse; emplear el agua en usos distintos a aquellos para lo que se haya autorizado por el Acueducto y la cesión total o parcial del servicio en beneficio de un tercero; canalizar las aguas pluviales a las instalaciones del alcantarillado, etc.

[215] *Cfr.* Artículo 8 del Decreto Ley 138/ 1993 de las aguas terrestres; Artículo 22 de la Resolución 6/ 1996 del INRH, Artículo 35ch de la Resolución 11/ 1995 del INRH, etc.

fundamentales de este tipo de uso: satisfacción de necesidades personales o familiares, sin ánimo de lucro y por ocio o competencia.

Más adelante, en el Artículo 11 se dispone que la pesca que se realiza desde la orilla, sin medios flotantes y mediante varas, carretes, cordeles y anzuelos, es libre para todos los ciudadanos y no requiere de ninguna autorización, excepto en aquellas áreas sujetas a regímenes especiales. Como vemos nos da la medida de que este tipo de pesca, cumpliendo con estos requisitos, puede ser realizado por cualquier individuo sin que se requiera de ningún título habilitante, aún si se realiza en zonas especiales y requiera de autorización, pero no constituye ésta un título habilitante sino un trámite administrativo previo, que se dispone como requisito *sine quanon*.

Más adelante se regulan los tipos de pesca deportiva dentro de las que se incluyen la pesca de orilla, sobre embarcaciones y la submarina[216] y se dispone que los productos que se obtengan sean para el consumo familiar o personal y sin ánimo de lucro. No obstante, el Artículo 16 alude a la necesidad de una licencia como requisito indispensable para la pesca submarina y sobre embarcaciones. Al definir como "autorización" a la licencia podríamos creer que realmente la única pesca como actividad de uso común general será la de orilla. Nuestra opinión no es esta; el legislador equivocó conceptos siendo realmente requisitos administrativos que son regulados en norma especial para mantener un control pero no por ello cambian el fin de la actividad, siendo esta la característica que la califica como tal. Por ello aunque la norma nos presente la actividad como uso especial es necesaria su revisión y cambiar el punto de vista debido a que el carácter fundamental de estos usos es la posibilidad de acceso por todos con el fin de satisfacer sus necesidades personales o familiares y no el comercio o el ánimo de lucro.

En la propia norma se establecen determinadas prohibiciones en relación a cuáles especies no pueden ser pescadas, cuáles son las zonas vedadas, etc.

Ya el Decreto 103 trata específicamente a la pesca no comercial y establece idénticas características que la norma anterior: los fines son de esparcimiento, recreación, competitivos y agrega que incluso la realizada por los extranjeros en el país se considera de uso común. No obstante se hace un enunciado a cómo tanto cubanos como extranjeros están "autorizados" a realizar la pesca deportiva.

---

[216] Esta es aplicable a las aguas marítimas esencialmente.

Más adelante encontramos una contradicción, por cuanto se dispone que no se requiera de aprobación por la autoridad competente si tal se realiza sin usar una embarcación u otro objeto flotante tripulado y sin los avíos y artes autorizados en el Reglamento, que de usarse requieren de un consentimiento; en caso contrario parece interpretarse que sí. Por tanto, a la luz de este Artículo, la pesca sobre embarcación no constituye un uso común general, es decir mantiene el espíritu del Reglamento de la pesca. Finalmente a lo largo de su articulado va incluyendo algunas limitaciones en relación a esta actividad.

Como vemos la pesca en nuestro país queda regulada en normas que disponen unitariamente como se realizará en las aguas terrestres y en las marítimas, en muchos casos sin hacer siquiera una distinción entre ellas. Sería necesario separar el régimen de la pesca en las aguas continentales de la que se realiza en el mar. Por otro lado sí deja claro cuales requisitos deben confluir para que no se necesite de aprobación por parte del organismo correspondiente lo cual, si lo analizamos, nos deja entrever que constituye este tipo de pesca, en principio, un uso común general; incluso cuando en algunos casos se requiera de otros procedimientos administrativos que como requisitos previos permitan su realización.

La navegación por su parte, ha sido objeto de cambios en su régimen jurídico durante el último año. Tal circunstancia revolucionó algunas perspectivas en relación a la navegación marítima, pero respecto a la fluvial y la lacustre no profundizó mucho. Tanto que cuando leemos su articulado observamos que las referencias se realizan siempre priorizando la navegación marítima. Por ello solo algunos Artículos parecen permitirnos interpretar la existencia de la navegación como un uso común general. Por ejemplo, cuando define que se entenderá por embarcación de recreo[217]. A nuestra consideración y en relación con el Reglamento de la pesca, estas actividades de recreo comprenden la pesca deportiva.

En otro sentido Artículos posteriores, el 88.2 y 88.3, resumen que para la navegación dentro de los ríos, lagos y presas no se requiere del despacho[218] de Capitanía del puerto sino solamente una "autorización". Aunque utilizan nuevamente este título no podemos

---

[217] Dispone que serán aquellas construcciones flotantes empleadas en la navegación con una potencia propulsora de menos de 50 KW que se destina a actividades turísticas, recreativas y deportivas. *Vid.* Ley 115/ 2013 de la navegación marítima, fluvial y lacustre en Gaceta Oficial Extraordinaria No. 34 de 4 de noviembre de 2013.

[218] Trámite administrativo ante la Capitanía de Puerto para oficializar la entrada y salida del puerto de un buque, embarcación y artefacto naval en navegación. *Vid.* Artículo 3k de la Ley 115/ 2013 de la navegación marítima, fluvial y lacustre.

confundirlo con tal. Debido a que la actividad de la navegación se encuentra muy controlada ya sea por el Ministerio del Transporte o por el Ministerio del Interior y otras autoridades competentes y se ha plagado de burocratismos, no podemos generalizar e interpretar que la navegación con fines recreativos requiere de un título habilitante; sino más bien que la Ley incurre en un error al utilizar este vocablo cuyo alcance es mayor que el que manifiesta. No tratamos de decir que la navegación sea *per se* considerada como un uso común general de las aguas, sino que dentro de ella existe un tipo que reviste tales características: su finalidad para el ocio o para realizar la pesca para consumo personal o familiar. Por tanto, no podemos confundir las reglamentaciones administrativas con que se clasifique por ello dentro de un tipo de uso o de otro. Igualmente el reconocimiento de embarcaciones dedicadas al recreo nos reafirma lo que hasta ahora hemos intentado explicar.

Ciertamente el tema de la navegación se torna engorroso para su análisis y más cuando la norma vigente no hace alusión expresa a la navegación de tipo fluvial y lacustre. Sobre todo ni siquiera se trata como un tipo de uso de las aguas sino como un servicio que se presta. Ello es consecuencia del silencio de la norma de aguas en cuanto a distinguir la existencia de diferentes usos o aprovechamientos de las aguas terrestres, no le corresponde a la Ley de navegación hacerlo, en última instancia debe reglamentar efectivamente tal particular.

Hasta aquí hemos analizado los usos comunes generales que son reconocidos en la doctrina pero en el caso específico de Cuba. Como nos hemos podido percatar no se encuentran reconocidos, solo pequeños retazos. Partiendo de los conocimientos doctrinales podemos distinguirlos dentro del confuso entramado jurídico. Lo que si podemos afirmar es que los usos comunes generales de las aguas terrestres en el país que debieran ser regulados jurídicamente son los domésticos, el abrevado de ganado y la irrigación, ambos en pequeña escala, la pesca, la navegación cuando sus fines sean los de ocio o para el consumo personal o familiar[219], y cualquier otro que por sus

[219] En este sentido sería importante analizar en posteriores estudios como se trataría el tema para el caso de los cuentapropistas y las nuevas cooperativas no agropecuarias relacionadas con la pesca y la navegación. Lo cierto es que siempre que cumplan el fin de satisfacción de necesidades y ocio para los miembros de la cooperativa o ese cuentapropista en particular, o sus familias, con las correspondientes limitaciones que se establezcan, podrán considerarse usos comunes generales; en caso contrario, para la comercialización o prestación de un servicio que pudiera considerarse público, entonces uso especial o uso privativo respectivamente.

características no agote sustancialmente el recurso ni afecte su calidad, permita el consumo personal o familiar y se encuentre exento de ánimo de lucro.

5.1.2 Usos especiales

En Cuba podemos identificar estos usos como aquellos que pueden realizar cualquier persona, para los cuales se requiere de un título habilitante debido a que concurren determinadas circunstancias singulares ya sean de intensidad, peligrosidad, escasez, rentabilidad u otras similares pero que no impedirán el uso del recurso por parte del resto de los administrados. Es importante aclarar que las actividades a las cuales nos referimos no tienen trascendencia a la prestación de los servicios públicos, sino que son aquellas cuyo fin ya no es la satisfacción de necesidades personales o familiares y que se caracterizan además por su ánimo de lucro. El punto que lo diferencia de los usos comunes generales es precisamente este; el que lo distingue de los usos privativos es el tipo de actividad, que no constituye un servicio público o de monopolio estatal.

En este caso los sujetos de estas actividades si podrán ser tanto las personas naturales como las personas jurídicas. La propia envergadura de los usos nos abre esta oportunidad.

A su vez dentro de las actividades en las cuales concurren las circunstancias expresadas podremos encontrar algunas con fines que trascienden a la economía[220] y algunos relacionados con el ocio pero con fines lucrativos[221], así como otros que clasifican dentro de las actividades con peligrosidad, escasez o rentabilidad[222]. Cada una de ellas debe trascender al consumo humano mínimo, si bien continúa siendo libre su acceso. Posee características de onerosidad, de hecho por ellas se cobra un precio o canon debido a que se requiere de un mayor volumen de agua y aumenta la probabilidad de contaminación de la misma; sobre todo para balancear el beneficio patrimonial que el usuario recibirá. Además este tipo de uso está limitado en el tiempo y bajo ninguna circunstancia puede entrar en contradicción con los derechos de un tercero o con un título otorgado

---

[220] *V. gr.* La pesca, la navegación, la acuicultura, la irrigación, uso de embalses para la pesca o la navegación, construcción de pequeñas obras hidráulicas (pozos), etc. *Vid.* **DELGADO PIQUERAS**, Francisco. *Derecho... op. Cit.* p. 95.

[221] *V. gr.* El establecimiento de zonas recreativas y deportivas, etc. **GUAITA**, Aurelio. *Derecho... op. Cit.* p. 145.

[222] *V. gr.* El establecimiento de barcas de paso y sus embarcaderos, las derivaciones temporales de agua, los vertidos de aguas, la explotación de las aguas subterráneas, etc. *Vid.* **FLORES MULERO**, Isabel y **TURUEL LOZANO**, Germán M. "Derecho de agua. Títulos... *op. Cit.* p. 537.

anteriormente; es decir, el límite principal es no restringir el derecho de terceros y no abusar del derecho que se posee.

Por último se requiere de un título habilitante que permita realizar legalmente tal actividad. En el capítulo anterior plantemos que tales pueden ser el permiso o la autorización. En el país dichas categorías no se encuentran correctamente implementadas por lo cual se requiere que realicemos un breve análisis especialmente en la norma de aguas, de la pesca y la normativa de navegación que se relacionan con el tema que tratamos.

El Decreto Ley 138/ 1993 de las aguas terrestres, refiere para toda una serie de actividades, por no decir que para todos los usos excepto los domésticos, que se requiere de autorización, ya sea del Instituto Nacional de Recursos Hidráulicos, del Ministerio de Agricultura u otro. En esencia realiza un uso indiscriminado de este acto administrativo para la realización de cualquier actividad. Dicha cuestión deberá ser revisada y con la determinación de los usos y su clasificación, reservar las autorizaciones para los usos comunes especiales.

El Decreto Ley 164/ 1996 Reglamento de la pesca, considera a las autorizaciones como la base principal del ordenamiento de la actividad pesquera[223]. Debido a esta afirmación define a las concesiones, las licencias y los permisos todos como especies de autorización[224] cuando bien sabemos que tales tienen su propia independencia y características. Además la autorización es un título más, es un tipo de acto administrativo.

Igualmente sucede con el Decreto 103/ 1982 reglamento de la pesca no comercial, solo que esta vez dispone que se requiere de autorización para la pesca cuando se use una embarcación o cualquier objeto flotante y para las artes o avíos que no sean el anzuelo, el cordel, la vara, el carrete y el alambre. La Ley de navegación se refiere a la necesidad de autorización de Capitanía del Puerto para el movimiento en los ríos, lagos y presas[225].

Como podemos observar estas normas incurren en la confusión de las categorías mencionadas. Ello no puede dar lugar a confusiones, la teoría nos ha ayudado a diferenciarlas. Por eso debemos partir de que la autorización es un acto administrativo que

---

[223] *Vid.* Artículo 14.

[224] Las diferencias vienen dadas por el tiempo de validez, la concesión se otorga por un período de hasta 5 años a personas naturales y jurídicas para la explotación pesquera y la acuicultura; la licencia por un período de un año, renovables y como requisito indispensable para la pesca deportiva y la comercial, especialmente la submarina y sobre embarcaciones tanto a personas jurídicas como a naturales; el permiso es temporal y para fines específicos. *Cfr.* Artículos 15, 16 y 18 del Decreto Ley 164/ 1996 Reglamento de la pesca.

[225] *Vid.* Artículo 88.3 de la Ley 115/ 2013 de la navegación marítima, fluvial y lacustre.

permite el ejercicio de actividades cuyo titular no es el Estado pero que debido al interés público las ha debido limitar. En materia de los usos comunes especiales de las aguas este título se torna importante pues permitirá a determinada persona realizar esa actividad que por sus especiales caracteres, ya sea de peligrosidad, rentabilidad o intensidad, requiere del pronunciamiento de la Administración Pública para determinar si tal no afecta el interés de la comunidad. Concluyendo, será la autorización el título habilitante de este tipo de uso en el país, amén de que existan otros actos administrativos regulados como el permiso y la licencia, que en esencia se consagran a cuestiones de procedimiento y control. Pasemos al análisis de los principales usos comunes especiales.

La navegación, la pesca y la acuicultura

Sobre los primeros particulares no ahondaremos mucho. Tanto la pesca como la navegación pueden referirse a usos generales o a usos especiales. Si bien las regulaciones jurídicas vigentes[226] mezclan la finalidad con los medios y el lugar en que se realicen y dependiendo de ello los interpreta de un modo o de otro, lo hasta aquí expuesto nos demuestra como el límite entre ambos tipos de uso lo constituye el propósito con el cual se lleve a cabo. A nuestro criterio serán usos comunes especiales la pesca y la navegación cuando se realicen con ánimo de lucro y que por representar un peligro o promover un uso más amplio de las aguas pudiendo afectar su calidad, se requiere que la Administración haga nacer un derecho sobre esa persona para que no afecte el interés general y aun otros puedan realizarlos; siempre sometido a las limitaciones y reglamentaciones que se dispongan. En fin que la pesca de investigación y la comercial serán consideradas como un tipo de uso especial al igual que la navegación lucrativa y para la realización de los tipos de pesca enunciados, ya sean efectuadas en ríos, lagunas, embalses o presas.

En cuanto a la acuicultura sabemos que es el uso que se le da a las aguas para mejorar sus recursos naturales a través del cultivo de especies vegetales y la cría de animales[227]. En el país existen alrededor de 1400 embalses dedicados a esta actividad que comenzó a inicios de los años ´60. Dicha actividad tiene sus antecedentes desde el triunfo

[226] *Cfr.* Decreto Ley 164/ 1996 Reglamento de pesca, Decreto 103/ 1982 Reglamento de la pesca no comercial, Ley 15/ 2013 de la navegación marítima, fluvial y lacustre.

[227] *Vid. Gran Diccionario de la Lengua Española Larousse*. Larousse Editorial S.A- 1998. Citado como: "acuicultura".

revolucionario a cargo del Ministerio de la Agricultura, pero en el año 1967 se crea la Dirección Nacional de Piscicultura. En ese mismo año el 24 de mayo el entonces Instituto Nacional de la Industria Pesquera emitió una Resolución en la que prohibía terminantemente la captura de todas las especies fluviales y lacustres a los fines comerciales, a las personas naturales o jurídicas que se dediquen a esa labor quedando controlado única y exclusivamente por ellos, a través de sus unidades y cooperativas lo relacionado con la explotación, aprovechamiento y distribución de toda la fauna fluvial y lacustre" [228]. Este enunciado nos hace pensar que la pesca para fines de consumo familiar se permitía. La cuestión es que para realizar esta actividad, la piscicultura, se requiere de las autorizaciones de varios Organismos de la Administración Central del Estado (OACE) comenzando por el Instituto Nacional de Recursos Hidráulicos, el CITMA, el Ministerio de la Industria Alimentaria, etc. Además posee gran trascendencia para los intereses económicos del país.

Irrigación, derivaciones temporales de agua y barcas de paso

La actividad de riego en el país se realiza esencialmente por el Ministerio de la Agricultura y por el Instituto Nacional de Recursos Hidráulicos[229]. La actividad se ejecuta de modo que se le otorga un volumen de agua determinado a tal Ministerio según el Balance de Agua y este es el encargado de distribuirlo a los diferentes lugares a través de las redes hidráulicas del Instituto; es decir a las cooperativas agropecuarias. No existen, como tal, comunidades de regantes en el país, al menos no con esta denominación pero lo cierto es que por ser pequeño agricultor, con la entrega de tierras se requiere tener garantizado este particular; por lo que se prohíbe tomar las aguas que provienen de los acueductos[230]. Por tanto se debiera requerir de una autorización para el uso del agua con ese fin que pudiera otorgarla el Ministerio de la Agricultura. Ni la norma de aguas ni la Política Nacional del Agua hacen referencia a la irrigación como un uso especial, eso sí, le otorgan gran importancia para la sociedad debido a la producción de alimentos. Tampoco encontramos normas dirigidas a ordenar directamente esta actividad partiendo de que

[228] *Vid.* Enciclopedia Colaborativa Cubana en la red citado como "Acuicultura en Cuba", en www.ecured.cu visitado el 30 de abril de 2014.

[229] *Vid.* Artículo 8 del Decreto Ley 138/ 1993 de las aguas terrestres.

[230] *Vid.* Artículo 35ch de la Resolución 11/ 1995 del INRH, Reglamento de la prestación y el cobro de los servicios de abasto de agua y de alcantarillado al sector doméstico.

constituye un uso especial. Sería efectivo además que se defina como tal y sobre todo que se creen comunidades de regantes lo que permitirá mejor gestión en el uso de las aguas y el incremento de las producciones[231].

Relacionado con la irrigación se encuentra la derivación temporal de aguas. Aunque no se encuentra regulado debería ser un uso especial que requiere de autorización, debido a las implicaciones que posee pudiendo disminuir el cauce de donde proviene; incluso si se realiza para un uso personal o familiar sostenido en tiempo. Si por el contrario fuera por estos motivos y su temporalidad fuera tan fugaz que no produjese variaciones podría considerarse como un uso permitido para todos. Lo cierto es que ni siquiera encontramos ninguna regulación jurídica relacionada con esto.

Encontramos por último la construcción de embarcaderos para barcas de paso. El Instituto Nacional de Recursos Hidráulicos, debe otorgar autorización en este sentido, primero para que se pueda construir y luego para brindar tal servicio debido al daño que se pudiere causar al ecosistema y aun por las limitaciones de policía a las que pudiese estar sometida la zona[232]. Requerirá de un análisis casuístico pero solo cuando los fines sean con ánimo de lucro se requerirá de autorización.

Zonas recreativas y deportivas

Este particular lo observamos con reserva por cuanto en el país los ríos, que son los que mayormente se utilizarían para esta actividad, se encuentran contaminados o, al menos, no son aptos para ello. No obstante a nuestra consideración, debido a su finalidad requieren de autorización por parte de los OACE correspondientes. De igual forma recordemos que estas actividades se organizan por parte de empresas estatales como la de Campismo Popular por ejemplo[233]. Es así que el Instituto Nacional de Recursos Hidráulicos es el encargado de autorizar o no este tipo de uso especial.

---

[231] Tengamos en cuenta que las Comunidades nacen en los lugares donde existe una baja disponibilidad del agua para permitir su mejor aprovechamiento. *Vid.* CARÓ- PATÓN CARMONA, Isabel. *El derecho a regar. Entre la planificación hidrológica y el mercado del agua.* Editorial Marcial Pons. Madrid. 1997. p. 142.

[232] *Vid.* Artículo 24ch del Decreto Ley 138/ 1993 de las aguas terrestres.

[233] *Vid.* Enciclopedia Colaborativa Cubana en la red citado como "Campismo popular", en www.ecured.cu visitado el 30 de abril de 2014.

Obras hidráulicas para el abastecimiento personal

La primera cuestión que debemos dejar clara es que esta actividad constituye por sí un uso privativo de las aguas. No obstante en el caso de la construcción de pozos cuya agua se utilizará aún en beneficio propio se requiere de autorización por parte del Instituto Nacional de Recursos Hidráulicos[234]. La razón es lógica: debido a la conectividad de las aguas, alumbrarlas en alguno de sus puntos puede contribuir a su disminución, agotamiento o incluso a su contaminación. Por supuesto no se deben abrir pozos para actividades como el riego excepto que así lo autorice el Instituto Nacional de Recursos Hidráulicos[235].

Este tema se relaciona con las aguas subterráneas como vemos y en el país ellas son abundantes, mas, es necesario su control y buen manejo. De aquí que el Artículo 21 de la norma vigente de aguas disponga que en aras de proteger y controlar la calidad y cantidad de aguas subterráneas se prohíbe sin la autorización expresa y previa del Instituto Nacional de Recursos Hidráulicos la construcción y modificación de pozos con fines de extracción de estas aguas, así como instalar equipos de bombeo o construir trincheras que drenen el manto freático. En fin que la propia norma ya lo dispone, para ambas actividades se requiere de autorización, sin importar su finalidad, cuestión en este caso correcta por las implicaciones que en el orden público pudiera llevar.

Vertimiento hacia las aguas terrestres

El Decreto Ley 138/ 1993 de las aguas terrestres, hace varias referencias a esta actividad sometiéndola a autorización[236]. Debido a que constituye una actividad peligrosa por cuanto contamina el agua está sometido a este régimen, principalmente cuando provienen de ciclos industriales. Por ello tanto el Instituto Nacional de Recursos Hidráulicos como el Ministerio de Salud Pública y el Ministerio de Medio Ambiente deben verse involucrados en la permisión de este uso especial de las aguas terrestres. El Artículo 31 del Decreto Ley 54/ 1982 Disposiciones sanitarias básicas, dispone que el vertimiento de aguas crudas a las aguas terrestres quedará sujeto a las regulaciones y controles establecidos. Además incluye una prohibición sobre el vertimiento de aguas residuales crudas a corrientes

[234] *Cfr.* Artículo 28b del Decreto Ley 138/ 1993 de las aguas terrestres.

[235] *Vid.* Artículo 35ch de la Resolución 11/ 1995 del INRH, Reglamento de la prestación y el cobro de los servicios de abasto de agua y de alcantarillado al sector doméstico.

[236] *Vid.* Artículos 16 y 29c.

subterráneas o a zonas que tengan incidencias en estas aguas. En el Artículo 42 se prohíbe el vertimiento de aguas de albañal a cualquier sistema de drenaje pluvial. Cuando se viertan a la alcantarilla tendrán que cumplir parámetros mínimos. En esencia esta actividad sin duda alguna califica como un uso común especial.

Para finalizar esto acápites determinemos exactamente cuales, a nuestra consideración son los usos de las aguas terrestres en Cuba que deberían ser regulados jurídicamente: la navegación y la pesca con fines comerciales y de lucro; la acuicultura; la irrigación; las derivaciones temporales de agua; el establecimiento de barcas de paso con sus embarcaderos; las zonas recreativas y deportivas, las obras hidráulicas para el abastecimiento personal con la explotación de las aguas subterráneas y el vertimiento hacia las aguas terrestres.

5.2 Usos privativos

Finalmente encontramos a los usos privativos que no son más que aquellos que comprenden determinadas actividades que el Estado se ha reservado para sí y que solamente pueden llevarse a cabo por determinadas personas, excluyendo el uso por todos y que requiere del otorgamiento de un título habilitante[237]. Los servicios de acueducto, alcantarillado, tratamiento de residuales, purificación, la desalinización, la producción de hidroenergía, el reuso de las aguas y la construcción de obras hidráulicas son varias de estas actividades que se ha reservado el Instituto Nacional de Recursos Hidráulicos como administrador de las aguas en el país. Todos ellos constituyen servicios públicos[238].

Ahora bien, los sujetos de estos usos serán las personas jurídicas las cuales deben cumplir con los requisitos reales mínimos para la ejecución de tales tareas. Podrán, a nuestra consideración, ser empresas estatales creadas al efecto y empresas privadas de capital mixto o totalmente cubano.

Los principales límites a estos usos serán los de no abusar del derecho que se les ha otorgado, respetar los derechos de terceros en iguales circunstancias, y otros que por ley queden dispuestos. Recodemos que estos usos privativos constituyen servicios públicos

[237] *Cfr.* Artículo 15 de la Constitución, último párrafo.

[238] Como sabemos estos servicios deben cumplir con los principios de regularidad, continuidad, obligatoriedad, gratuidad o subsidio y de no discriminación. *Cfr.* CASSAGNE, Juan C. y **ARIÑO ORTIZ**, Gaspar. *Servicio público, regulación y renegociación*. Editorial Abeledo Perrot. Buenos Aires. 2005.

que presta el Estado, por tanto, continuarán bajo su titularidad, solo que este ha permitido que otro sujeto, diferente de él realice esa tarea. Por tanto deberá cumplir con idéntico rigor el cumplimiento de ellos debido a que comprenden servicios esenciales para el desarrollo de la sociedad y la satisfacción de sus necesidades principales.

Se requiere por supuesto de un título habilitante que, por la propia naturaleza de la actividad es distinto a la autorización[239]. Recordemos que esta hace nacer un derecho a una persona en razón de una actividad en interés propio; los usos que ahora analizamos por el contario, se refieren a una gestión en interés de todos. Luego, este título será la concesión. Y he aquí otra cuestión deficientemente regulada en nuestro ordenamiento jurídico. Habíamos dicho que para la pesca se consideraba como un tipo de autorización, para la ley de minas es un acto gubernativo, y así tiene diferentes definiciones en dependencia de la actividad que se regule. Tal particular es el resultado de la inexistencia de una norma especializada de concesiones administrativas.

No obstante, lo que nos debe quedar muy claro es que la concesión y la autorización son actos administrativos y de naturaleza muy diferente; por lo cual no podemos confundirlas. Si bien existen disímiles teorías sobre la naturaleza jurídica de esta institución nos acogeremos a la que expone el profesor MATILLA en su tesis doctoral al decir que constituye un acto administrativo por su naturaleza, bilateral, cuya actividad constituye un monopolio de Derecho por parte de la Administración Pública y que se otorga en interés público[240]. Como podemos deducir cada actividad entonces deberá cumplir con los requisitos para el otorgamiento de este título. Empero, el ordenamiento jurídico cubano no la tiene en cuenta como la hemos referido y en materia de aguas terrestres no se regula mucho al respecto, el propio Decreto Ley 138/ 1993 no la toma en cuenta en su articulado, aunque contamos con un concesionario que se encarga de la actividad de acueductos y otras relacionadas con él. Igualmente la mayoría de los usos privativos se otorgan a través de autorizaciones y no de concesiones como sería lo correcto.

Pasemos por último al análisis brevemente de algunos de los usos privativos que deberían ser regulados jurídicamente en el país.

---

[239] Recordemos que la autorización y/o el permiso se reservan para los usos comunes especiales; no obstante en el país existe confusión en su aplicación. La concesión es la figura habilitante por excelencia.

[240] *Cfr.* MATILLA CORREA, Andry. *Introducción al régimen jurídico... op. Cit.* Pp. 141 y ss.

Acueducto y alcantarillado

Estas actividades comprenden todo lo relativo al abasto de agua a las poblaciones y a los servicios de drenaje de aguas residuales o pluviales[241]. En La Habana esta actividad se lleva a cabo a través de una Sociedad Anónima[242] a la cual le fue concedido el uso de las aguas para la gestión del acueducto, el alcantarillado, el saneamiento, el drenaje pluvial y otras actividades relacionadas. En el caso de Varadero es realizado por Aguas Varadero y en el resto del país por las Empresas de Aprovechamiento Hidráulico.

Debido a la importancia que reviste esta actividad para la sociedad en aras de su desarrollo es que se considera un servicio público. Por ello los sujetos que podrán llevarla a cabo, es decir realizarla, deben poseer determinados requisitos para ello comenzando por la posibilidad de garantizar la prestación del servicio con calidad y eficiencia. Así mismo cumplir con lo que reglamente el Instituto Nacional de Recursos Hidráulicos y otros OACE relacionados con la actividad, además de no abusar de ese derecho de uso que se le ha reconocido.

Igualmente el Instituto Nacional de Recursos Hidráulicos ejerce un control sobre estas actividades y al convertirse estas empresas en usuarios de las aguas para prestar un servicio público, estarán obligados al pago de las tarifas que se dispongan por el uso de las aguas y a realizar una utilización racional y eficiente del recurso como si fueran en sí mismas la Administración Pública. Estas empresas también reciben un volumen de este recurso que se encuentra determinado en el Balance de Agua, por tanto deberán realizar una gestión provechosa de la misma.

En fin que es un uso privativo por cuanto reviste una actividad prestacional, de carácter excepcional puesto que limita a otras personas para realizar idéntico uso con los mismos elementos que le son concesionados y que requiere de sujetos cualificados para su ejecución, todas cuestiones que cumpliéndose darían lugar al otorgamiento del título habilitante de la concesión, como requisito previo y necesario para ello.

Purificación, tratamiento de residuales y reuso de las aguas

Estos usos de las aguas son realizados por las mismas empresas de abastecimiento y alcantarillado, o por otras destinadas efectivamente a ello. En el caso específico de la

[241] *Vid.* Artículo 45f del Decreto Ley 138/ 1993 de las aguas terrestres.

[242] Es la empresa Aguas de la Habana SA.

purificación de las aguas es llevada a cabo en la capital por la empresa Aguas de La Habana. En el caso de determinados polos turísticos, especialmente los localizados en los cayos adyacentes a la isla de Cuba, poseen sus propias plantas de tratamiento. Ahora bien, esta actividad como tal a luz del ordenamiento jurídico cubano no se encuentra sujeta a concesión administrativa. Si bien es realizada por una empresa concesionaria puede ser realizada por cualquier otra con la capacidad para ello y solo a través de la autorización del Instituto Nacional de Recursos Hidráulicos[243].

Se hace necesario realizar breves consideraciones. En el caso de la purificación de las aguas cuyo fin es el abastecimiento a la actividad turística bien puede ser realizada a partir del otorgamiento de una autorización por parte del Instituto Nacional de Recursos Hidráulicos. Ella no reviste un servicio público por lo cual no requiere su reserva para el Estado; lo que no significa que vaya a realizarse al libre arbitrio. Es un servicio que traspasa los límites del uso común general pero yace en un uso común especial por cuanto tal actividad no limita el uso por otros individuos y contiene en sí circunstancias que la mantienen en el ámbito de lo privado, se realiza en interés personal. En el caso de la purificación que se realiza con los fines del abasto comunitario si requiere de concesión puesto que es una actividad que se le debe reservar única y exclusivamente al Estado ya sea a las Administraciones locales o a la Administración Pública estatal. Debiendo cumplir los requisitos que establece el Ministerio de Salud Pública para el consumo del agua[244] y como derecho humano reconocido se torna una actividad de suma importancia en la satisfacción de las necesidades de la comunidad; fin último este de la Administración Pública[245].

El tratamiento de residuales es otro uso muy importante para proteger a las aguas de la contaminación y al medio ambiente en general. Sobre todo por la ventaja que representa para mantener los estándares mínimos sanitarios en los vertimientos al mar; incluso pudiese dar lugar a su reutilización en actividades que lo permitan. Si bien mencionamos que por lo general es realizado por las propias empresas de acueductos se realizan por otras que pertenecen al Instituto Nacional de Recursos Hidráulicos.

---

[243] *Vid.* Artículo 29f del Decreto Ley 138/ 1993 de las aguas terrestres.

[244] *Vid.* Artículos 30- 34 del Decreto Ley 54/ 1982 Disposiciones sanitarias básicas.

[245] **VALCARCER ROJAS**, Lino *et alias*. "El Índice de Calidad de Agua como herramienta para la gestión de los recursos hídricos" en *Revista electrónica de la Agencia de medio ambiente*. Año 9. No. 16. 2009.

La normativa jurídica de aguas terrestres vigente no trata esta actividad como un tipo de uso[246], no obstante si debe constituirse como tal. Pensamos que es un proceso anejo a los servicios de alcantarillado; además en los últimos años con la escasez de agua, se ha convertido en el Caribe en una importante fuente para el ahorro del preciado recurso. Como bien el Estado posee esta actividad como monopolio y por tanto, es considerado un servicio público debe incluirse como un uso privativo realizable a través del otorgamiento de concesiones. No es un uso que pueda realizar cualquier individuo de la colectividad, sino que posee caracteres que lo colocan más allá incluso de un uso común especial; solamente se llevará a cabo por personas jurídicas y es una actividad que limita al resto de los individuos en su derecho de uso de las aguas y además trasciende los caminos del ámbito privado.

Por último tenemos al reuso de las aguas. La Política Nacional del Agua la ubica como una de las líneas de acción concurrentes en pos del uso racional y sustentable del recurso[247]. De hecho en el Caribe se presenta como una fuente importante para hacer frente al estrés hídrico al cual está sometido. Los principales usos son en el sector agrícola, en el industrial, en el urbano, en el recreacional, etc. Para ello deben cumplir igualmente con parámetros mínimos que bien los proporcionará un eficaz tratamiento de los residuales que contienen las aguas que se reutilizarán. Como constituye parte de la política hídrica de cualquier Estado debe este reservarse su monopolio amén de ser una actividad trascendente para el desarrollo de la sociedad. Aunque vendrá de la mano de los usos dispuestos anteriormente puede dar lugar a realizarse por empresas diferentes a las de acueducto y tratamiento de residuales, de hecho su bombeo nuevamente o su incorporación al ciclo hidráulico puede realizarse desde plantas especiales. Constituye un uso privativo pues ya vemos como trasciende los marcos del acceso a todos o a una parte pero sin impedir el del resto, se sale de los marcos privados; solamente le corresponde a la Administración Pública (al Instituto Nacional de Recursos Hidráulicos en este caso).

Construcción de obras hidráulicas

Por último pero no menos importante tenemos la construcción de obras hidráulicas. Disímiles son los tipos de construcciones que realiza el hombre para crear recipientes

246 Tampoco trata como usos a los aquí propuestos.

247 *Vid.* Política Nacional de Agua. Uso racional del agua y necesidad de reusar el agua residual.

artificiales para las aguas u otros para su eficaz utilización y aprovechamiento de su fuerza motriz. Tendremos entonces las presas, los embalses, las hidroeléctricas, las obras para la conducción de los acueductos y los trasvases, sistemas de purificación, desalación, saneamiento, etc. En la normativa vigente existen referencias a este tema principalmente para prohibir la realización de las mismas siempre que no se pida *autorización* y además se pueda causar la disminución en el caudal de las aguas[248]. Y aquí nos encontramos en una encrucijada puesto que no existe una definición legal de obra hidráulica. Ello tiene trascendencia para delimitar si la realización de determinada construcción constituye una obra hidráulica o no y por tanto si se requiere de una concesión o de una autorización.

Cuando explicábamos los usos comunes especiales hacíamos alusión a que la construcción de pozos y otras obras de pequeña escala[249] calificaban como tal y que las de mayor escala como un uso privativo. La construcción de obras hidráulicas a gran escala, como le hemos denominado, es una tarea que permite la realización de otros usos como el abasto de agua que es esencial. Por ello la Administración Pública es la encargada de llevarlas a cabo. No es un uso que, en principio, deba ser llevado a cabo por cualquier individuo, no puede ser accesible a todos; requiere de procesos previos y de disponibilidad para su construcción, elemento que en el país solo puede realizar el Instituto Nacional de Recursos Hidráulicos. Al ser así, queda limitado su acceso para la comunidad como derecho pleno. Sobre todo forma parte de la gestión del Estado para que realice su fin último. Otorgarlo a través de la concesión administrativa garantiza que se tenga un control estricto sobre ellas. Sobre todo lo extrae del ámbito privado y lo reafirma como monopolio del Estado. Lo cierto es que se requiere de determinar su definición legal para así comprender si se escinde en obras hidráulicas menores o de mayor envergadura.

Hasta aquí hemos realizado un análisis de los usos privativos de la aguas. Nos podemos percatar de que es insuficiente en el país su regulación jurídica por lo que se hace necesaria su revisión. Con caracteres de especialidad por cuanto forman parte de la gestión que debe realizar el Gobierno para cumplir con la satisfacción de las necesidades acuciantes, requerirá siempre de la concesión como único acto administrativo que otorgará los derechos a una persona que pasará a ser el gestor directo de una actividad

[248] *Vid.* Artículo 21b del Decreto Ley 138/ 1993 de las aguas terrestres.

[249] A nuestro criterio estas actividades por su finalidad se revisten de circunstancias particulares como la peligrosidad y rentabilidad, y si son para satisfacer las necesidades familiares o personales solamente deberá requerirse de la autorización del Instituto Nacional de Recursos Hidráulicos para su ejecución.

monopólica de las Administraciones Públicas. En fin que los usos privativos de las aguas terrestres en Cuba que debieran ser regulados son todos aquellos que formen parte de sus tareas para cumplir con su fin último, esencialmente los servicios de acueducto, alcantarillado, purificación, tratamiento de residuales, reuso de las aguas y la construcción de grandes obras hidráulicas.

Conclusiones

Tras realizar el análisis de los objetivos propuestos en este trabajo hemos arribado a las siguientes conclusiones:

Primera: Los orígenes de la institución de dominio público se encuentran en Roma, su definición y perfeccionamiento en la teoría francesa del *domain public.*

Segunda: En Roma las aguas terrestres que eran consideradas bienes comunes eran las destinadas al uso común mientras que las públicas eran las afectadas a usos especiales y privativos. Actualmente todas las aguas terrestres declaradas como públicas pueden ser objeto tanto de usos comunes generales como de usos comunes especiales y de usos privativos.

Tercera: Las aguas terrestres tienen aplicaciones en disímiles ámbitos de la sociedad desde el abasto para el consumo humano y animal hasta la producción de alimentos y de energía hidráulica.

Cuarta: La declaración y el reconocimiento, en su totalidad o en parte, de las aguas terrestres como bien de dominio público, dependerá de las características hídricas de cada Estado en particular y de los principios que sobre ellas ampare.

Quinta: La regulación jurídica del dominio público en Cuba se encuentra reducida a unas pocas referencias en la Constitución, el Decreto Ley 227/ 2002 del patrimonio estatal y el Código Civil cubano. Sobre los usos a los que estarán sometidos, todas resultan omisas.

Sexta: Las aguas terrestres en Cuba son bienes de dominio público afectadas al uso común en principio. Su regulación jurídica es oscura y asistemática: no se definen legalmente a las aguas terrestres, no se determinan sus tipos y resulta totalmente omisa en relación a los usos comunes generales, a los usos comunes especiales y a los usos privativos de las aguas; todo ello dado el abandono de estas categorías y la inexistencia de estudios teóricos patrios que las desarrollen.

Séptima: Los usos comunes generales de las aguas terrestres en Cuba que debieran ser regulados jurídicamente y que no requieren de ningún título habilitante son los usos domésticos, los relativos a abrevar el ganado, la irrigación en pequeña escala y la pesca y la navegación cuyos fines sean el consumo personal o familiar sin ánimo de lucro.

Octava: Los usos comunes especiales de las aguas terrestres en Cuba que debieran ser regulados jurídicamente y que requieren de la autorización como título habilitante son la pesca y la navegación comerciales y con ánimo de lucro, la acuicultura, la irrigación de grandes sembrados, las derivaciones temporales de agua, el establecimiento de barcas de paso y sus embarcaderos, el establecimiento de baños o zonas recreativas y deportivas, las obras hidráulicas para el abastecimiento personal o familiar, la explotación de las aguas subterráneas y los vertimientos.

Novena: Los usos privativos de las aguas terrestres en Cuba que debieran ser regulados jurídicamente y que requieren de concesión administrativa como título habilitante son los relativos al uso de las aguas para acueductos, alcantarillados, su reuso, el tratamiento de residuales, la desalinización y la purificación, así como la construcción de grandes obras hidráulicas.

Décima: Aunque las aguas son consideradas un bien de dominio público, las cuestiones que sobre los usos se regulen deben encontrarse desarrolladas en una norma especial por sus particularidades y por la necesidad de diferenciarlos ante la solicitud del otorgamiento de algún título habilitante; máxime cuando la propia norma del patrimonio estatal guarda silencio en cuanto a los aprovechamientos de esos bienes que considera de uso común y/o de servicio público. Todo ello permitirá el perfeccionamiento de su régimen jurídico.

Bibliografía

1. ÁLVAREZ CARREÑO, Santiago M. "Modelos de gestión de calidad del agua: la creación de la entidad regional murciana de saneamiento y depuración de aguas residuales" en *Panorama jurídico de las Administraciones públicas en el siglo XXI. Homenaje al profesor Eduardo Roca Roca*. Instituto Nacional de Administración Pública. Boletín Oficial del Estado. Imprenta Nacional. Madrid. 2002.
2. ÁLVAREZ TABÍO, Fernando. *Comentarios a la Constitución socialista*. Editorial Pueblo y Educación. La Habana. 1988.
3. ARROYO JIMÉNEZ, Luis. *Libre empresa y títulos habilitantes*. Centro de Estudios Políticos y Constitucionales. Madrid. 2004.
4. AUBY, Jean Marie. *Droit Administratif des biens*. 4ta Ed. Editorial Dalloz. París. 2003.
5. BADELL, Rafael. *La concesión administrativa.* S/Ed. S/ Ciudad. S/Año.
6. BAHAMONDE RODRÍGUEZ, Santiago A. "La regulación jurídica de la propiedad en Cuba en los siglos XVI y XVII" en *El Derecho como saber cultural. Homenaje al Dr. Delio Carreras Cuevas*. Andry MATILLA CORREA, (Coordinador) *et alias*. Editorial Ciencias Sociales/ Editorial UH. La Habana. 2011.
7. BALBÉ, Manuel. "Concepto del dominio público" *en Revista Jurídica de Cataluña*. No. 5. Noviembre- Diciembre. Casa Editorial Bosch. Barcelona. 1945
8. ------------------- "Las reservas demaniales" en *Revista de Administración Pública*. Enero- Abril. No.4. Centro de Estudios Políticos y Constitucionales. 1951.
9. BARTOLOMÉ NAVARRO, José Luis. *El agua, dominio público jurídico y bien público económico: coincidencias y divergencias de sus conceptos en* www.congreso.us.es/ciberico/archivos_acrobat/zaraponen6navarro.pdf *visitado el 17 de enero de 2014.*
10. BIELSA, Rafael. *Derecho Administrativo.* T.: III. 5ta Ed. Editor Roque de Palma. Buenos Aires. 1956.
11. BOBES SÁNCHEZ, Ma. José. "Derecho alemán de las cosas públicas" en *Bienes públicos, urbanismo y medio ambiente.* Editorial Marcial Pons. Madrid. 2013.
12. BOLEA FORADADA, Juan Antonio. "Naturaleza jurídica de las comunidades de regantes" en Antonio EMBID IRUJO (Director). Editorial Aranzadi. Navarra. 2008.
13. BONFANTE, Pedro. *Instituciones del Derecho Romano.* 8va Edición. Editorial Reus SA. Madrid. 1929.

14. BORGES, Milo A. *Compilación ordenada y completa de la legislación cubana de 1899 a 1950. Vol.: I.* 2da Ed. Editorial Lex. La Habana. 1952.

15. BREWER- CARÍAS, Allan R. "El régimen de las aguas en Venezuela. Efectos de su declaratoria general y constitucional como bienes de dominio público" en *Régimen jurídico del agua. Culturas y sistemas comparados.* Jorge FERNÁNDEZ RUÍZ y Javier SANTIAGO SÁNCHEZ (Coordinadores). UAM/Instituto de Investigaciones Jurídicas. Serie Doctrina Jurídica. No. 382. México. 2007.

16. *Britannica Illustrated Science Library.* Ed. Sol 90. 2008. Versión digital.

17. CALAFELL, Jorge E. "Teoría general de la concesión" en Jurídica- Anuario. S/Ed. S/Ciudad. S/Año.

18. CAMUS, E. F. *Curso de Derecho Romano. Derechos reales.* Departamento de Publicaciones de la Facultad de Derecho. Universidad de La Habana. La Habana. 1939.

19. CANTÓN BLANCO, Luis E. *Conferencias de propiedad y derechos reales.* Editora de la ENSPES. La Habana. 1982.

20. CARÓ- PATÓN CARMONA, Isabel. *El derecho a regar. Entre la planificación hidrológica y el mercado del agua.* Editorial Marcial Pons. Madrid. 1997.

21. ------------------- "El precio del servicio público del agua". en *Derecho Administrativo y regulación económica Liberamicorum Gaspar Ariño Ortiz.* Juan M. DE LA CUÉTARA MARTÍNEZ *et alias* (Coordinadores). Editorial La Ley. Madrid. 2011.

22. CARRILLO SUÁREZ, Agustín Eduardo. "El agua: un bien público y escaso" en *Régimen jurídico del agua. Culturas y sistemas comparados.* Jorge FERNÁNDEZ RUÍZ y Javier SANTIAGO SÁNCHEZ (Coordinadores). UAM/Instituto de Investigaciones Jurídicas. Serie Doctrina Jurídica. No. 382. México. 2007.

23. CASADO CASADO, Lucía. "La competencia para otorgar autorizaciones de vertido en las cuencas intercomunitarias" en *Usos del agua (Concesiones, Autorizaciones y Mercados del Agua).* Antonio EMBID IRUJO (Director).Editorial Aranzadi. Navarra. 2013.

24. CASSAGNE, Juan C. y ARIÑO ORTIZ, Gaspar. *Servicio público, regulación y renegociación.* Editorial Abeledo Perrot. Buenos Aires. 2005.

25. CASTELLANO PRATS, José Luis. "Las comunidades de usuarios como garantes de un uso eficiente del agua: infraestructuras y modernización" en *Ciudadanos y usuarios*

en la gestión del agua. Antonio EMBID IRUJO (Director). Editorial Aranzadi. Navarra. 2008.

26. **CHABAL**, Jean- Pierre. "Gestión del agua: elogio a los antiguos regímenes" en *Revista de Derecho de minas y aguas.* Vol.: III. 1992.
27. **COLECTIVO DE AUTORES**. *Agua y agricultura.* Antonio Embid Irujo (Director). Editorial Aranzadi SA. Navarra. 2011.
28. **COLECTIVO DE AUTORES**. *Agua y energía.* Antonio Embid Irujo (Director). Editorial Aranzadi SA. Navarra. 2010.
29. **COLECTIVO DE AUTORES**. *Enciclopedia Jurídica Básica.* Vol.: I. Editorial Civitas. S/A.
30. **COLECTIVO DE AUTORES**. *Geografía general.10º.* Editorial Pueblo y Educación. La Habana. 1992.
31. **COLECTIVO DE AUTORES**. *Introducción al Derecho Mexicano.* La Gran Enciclopedia mexicana. T.: I. UANM. México. 1983.
32. **COLECTIVO DE AUTORES**. *Los bienes públicos. Régimen jurídico.* Miguel SÁNCHEZ MORÓN (Director). Editorial Tecnos. Madrid. 1997.
33. **CORTINA**, José Manuel. *Función Social de la propiedad según la Constitución de Cuba.* Estudio publicado en el "Diario de la Marina". La Habana. 26 de febrero de 1946.
34. **CRUZ SARDIÑAS**, Teresa. "Esferas específicas de protección del medio ambiente y el uso racional de los recursos naturales" en *Derecho Ambiental Cubano.* Eulalia VIAMONTES GUILBEAUX (Coordinadora). Editorial Félix Varela. La Habana. 2007.
35. **CUTIE MUSTELIER**, Daniela y **MÉNDEZ LÓPEZ**, Josefina. "La propiedad en Cuba. Una visión desde la Constitución". Ponencia en Foro Constitucional Iberoamericano. No. 13. Año 2006- 2008.
36. **DELGADO PIQUERAS**, Francisco. *Derecho de aguas y medio ambiente.* Editorial Tecnos. SA. Madrid. 1992.
37. **DEL SAZ**, Silvia. *Aguas subterráneas, aguas públicas. El nuevo Derecho de Aguas.* Marcial Pons. Ediciones Jurídicas SA. Madrid. 1990.
38. **DE RUGGIERO**, Roberto. *Instituciones del Derecho Civil.* Vol.: I. 4ta Edición. Editorial Reus SA. Madrid. 1929.
39. **DE VIDAL**, Marina Marianne. *Derechos reales.* 7ma Edición. Zavalia SA. Buenos Aires. 2004.

40. *Diccionario Espasa* Calpe, S.A. Madrid. 2001.

41. DÍEZ- PICAZO, Luis y GUILLÓN, Antonio. *Sistema de Derecho Civil*. Vol.: III. 6ta Edición. Editorial Tecnos. Madrid. 1997.

42. DIHIGO Y LÓPEZ TRIGO, Ernesto. *Derecho romano*. T.: I. Parte 2. Editorial Félix Varela. La Habana. 2006.

43. DOMÍNGUEZ ALONSO, Alma patricia. *La Administración hidráulica española e iberoamericana*. Editorial Instituto Euromediterráneo del Agua. Murcia. 2008.

44. DROMI, Roberto. *Derecho Administrativo*. Ediciones Ciudad Argentina. Argentina. 1999.

45. DUGUIT, León. *Las transformaciones generales del Derecho Privado desde el Código de Napoleón*. 2da Ed. Traducido por Carlos G. Posada. Francisco Beltrán. Madrid. 1920.

46. EMBID IRUJO, Antonio. "El régimen económico- financiero del agua en el contexto de la aplicación de la Directiva Marco de Aguas de 2000. Reflexiones generales" en *Régimen económico- financiero del agua. Los precios del agua*. Antonio EMBID IRUJO (Director). Editorial Aranzadi SA. Navarra. 2009.

47. ------------------- "El uso urbano del agua. Consideraciones generales" en *Agua y ciudades*. Antonio EMBID IRUJO (Director). Editorial Aranzadi SA. Navarra. 2012.

48. ------------------- "Evolución del Derecho y la política del agua en España" en *Revista de Administración Pública*. No. 156. Septiembre- Octubre. 2001.

49. ------------------- "Principios generales sobre el ordenamiento jurídico- administrativo de la calidad de las aguas" en *La calidad de las aguas*. Antonio EMBID IRUJO (Director). Editorial Civitas. Madrid. 1994.

50. ------------------- *Régimen económico- financiero del agua. Los precios del agua*. Editorial Civitas. Navarra. 2009.

51. *Enciclopedia OMEBA*. Versión digital.

52. ENGELS, Federico. *El origen de la familia, la propiedad privada y el Estado*. Proyecto Espartaco. 2000- 2002.

53. ESCARTÍN ESCUDÉ, Víctor. "Aguas y urbanismo" en *Bienes públicos, urbanismo y medio ambiente*. Editorial Marcial Pons. Madrid. 2013.

54. EZQUERRA HUERVA, Antonio. *El régimen jurídico de las obras hidráulicas*. Editorial Instituto Euromediterráneo del Agua. Murcia. 2007.

55. FERNÁNDEZ BUJÁN, Antonio. *Derecho Privado romano*. 3ra Edición. Iustel. Portal Derecho SA. Madrid. 2010.

56. FERNÁNDEZ BULTÉ, Julio *et alias*. *Manual de Derecho Romano*, en Biblioteca Jurídica Virtual. de la Fiscalía General. Versión 1.0.

57. FERNÁNDEZ BULTÉ*, Julio. Historia del Estado y el Derecho en Cuba*. Editorial Félix Varela. La Habana. 2005.

58. --------------------. *Siete Milenios de Estado y de Derecho*. Tomo I. Editorial de Ciencias Sociales. La Habana. 2008.

59. FERNÁNDEZ MARTÍNEZ, Marta. "Las claves del urbanismo romano" en *El Derecho como saber cultural. Homenaje a Delio Carreras Cuevas*. Andry MATILLA CORREA (Coordinador). Editorial Ciencia Sociales/ Editorial UH. La Habana. 2011.

60. FLORES MULERO, Isabel y TURUEL LOZANO, Germán M. "Derecho de agua. Títulos jurídicos para el aprovechamiento del dominio público hidráulico" en *Anales de Derecho de la Universidad de Murcia*. No. 25. 2007.

61. FORMENTO, Susana y FERRAZINO, Ana. "El agua: su normativa jurídica" en *Los profesores escriben*, disponible en www.agro.uba.ar/apuntes/no2/agua.htm; visitado el 17 de enero de 2014.

62. GALLEGO ANABITARTE, Alfredo, MENÉNDEZ REXACH, Ángel y DÍAZ LEMA, José Manuel. *El Derecho de Aguas en España*. T.: I. Ministerio de obras públicas y urbanismo. Madrid. 1986.

63. GARCÍA DE ENTARRÍA, Eduardo. "Sobre la imprescriptibilidad del dominio público" en *Revista de Administración Pública*. No. 13. Enero- Abril. 1954.

64. GARCÍA DE ENTARRÍA, Eduardo y RAMN FERNÁNDEZ, Tomás. *Curso de Derecho Administrativo I.* Parte 2. Editorial Félix Varela. La Habana. 2006.

65. GARCÍA FERNÁNDEZ, Jorge Mario y FONTOVA DE LOS REYES, Margarita. "Política Nacional del Agua (PNA 2012): La gestión del recurso hídrico en la cuenca hidrográfica y medidad de adaptación ante el impacto del cambio climático" en Revista *Voluntad Hdráulica*. No. 107. Agosto de 2013.

66. GARCINI GUERRA, Héctor. *Derecho Administrativo*. Editorial Pueblo y Educación. La Habana. 1986.

67. GAY DE MONTELLÁ, R. *Teoría y práctica de la Ley de Aguas*. Librería Bosch. Barcelona. S/A.

68. GAY DE MONTELLÁ, R. y MASSÓ ESCOFET, C. *Tratado de la legislación de aguas públicas y privadas. Comentarios a los preceptos de la Ley de Aguas, a la legislación complementaria y a la jurisprudencia.* 2da Ed. Editorial Bosch. Barcelona. 1949.

69. GAZZANIGA, Jean- Louis. "¿A quién pertenece el agua?" en Revista de Derecho de minas y aguas. Vol.: III. 1992.

70. --------------------. "Derecho del agua, derecho de las aguas" en Revista de Derecho de aguas. V.: IV. 1993.

71. GOVÍN Y TORRES, Antonio. *Elementos teórico prácticos del Derecho Administrativo vigente en Cuba.* T.: II. Burgay y Cia. La Habana. 1883- 1954.

72. *Gran Diccionario de la Lengua Española Larousse*. Larousse Editorial S.A- 1998.

73. GUAITA, Aurelio. *Derecho Administrativo. Aguas, montes y minas.* 2da Ed. Editorial Civitas SA. Madrid. 1986.

74. GUTIÉRREZ DÍAZ, Joaquín. "Reuso de aguas y nutrientes" en *Revista electrónica de la Agencia de medio ambiente*. Año 3. No. 4. 2003.

75. HEGEL, Federico Guillermo. *Filosofía del Derecho.* Editorial Claridad S.A. Buenos Aires. 1968.

76. JIMÉNEZ- BLANCO CARRILLO DE ALBORNOZ, Antonio. "Notas sobre el régimen jurídico de la energía termosolar" en *Agua y energía*. Antonio EMBID IRUJO (Director). Editorial Aranzadi SA. Navarra. 2010.

77. LA CALLE MARCOS, Abel. "Agricultura y uso sostenible del agua en la Ley de Aguas de Andalucía" en *Agua y agricultura*. Antonio EMBID IRUJO (Director). Editorial Aranzadi SA. Navarra. 2011.

78. LANCÍS, Antonio. *Derecho Administrativo.* La actividad administrativa y sus manifestaciones. Editorial Cultural SA. La Habana. 1945.

79. LAZCANO Y MAZÓN, Andrés Ma. *Las Constituciones de Cuba*. Ediciones Cultura Hispánica. Madrid. 1953.

80. --------------------. *Servicio público de acueducto.* Editorial Cultural SA. La Habana. 1943.

81. MARIENHOFF, Miguel S. *Tratado de Derecho Administrativo*. T.: VI. 3ra Ed. Editorial Abeledo- Perrot. Buenos Aires. 2006.

82. MARTÍN, Liber. *Derecho de aguas. Estudio sobre el uso y dominio de las aguas públicas.* Editorial Abeledo- Perrot. Buenos Aires. 2010.

83. MARTÍNEZ DE NAVARRETE, Alfonso. *Diccionario Jurídico Básico.* Editorial Heliasta S.R.L. Argentina. 1995.

84. MARTÍNEZ MARÚN, Victoria y VÁZQUEZ, Bárbara. *Historia del mundo antiguo. Grecia y Roma.* 2da Edición. Editorial Pueblo y Educación. La Habana. 1978.

85. MARX, Karl. *Apéndice de la Introducción a la Economía Política.* T.: 1. Editorial Ciencias Sociales. S/A.

86. MATILLA CORREA, Andry. *Introducción al régimen jurídico de concesiones administrativas en Cuba.* Editorial Universitaria. La Habana. 2009.

87. MATOS MOYA, Bladimir. "Política Nacional del Agua" en Revista *Voluntad Hidráulica.* No. 106. Marzo de 2013.

88. MAYER, Otto. *Derecho Administrativo alemán. Parte Especial.* T.: III. Editorial De Palma. Buenos Aires. 1951.

89. MESTRE DELGADO, Juan Francisco. "El abastecimiento a poblaciones como servicio público" en *Agua y ciudades.* Antonio EMBID IRUJO (Director). Editorial Aranzadi SA. Navarra. 2012.

90. MIRANDA BRAVO, Olga. "El territorio" en Temas de Derecho Internacional Público. COLECTIVO DE AUTORES. Editorial Félix Varela. La Habana. 2006.

91. MOREAU BALLONGA, José Luis. *Aguas públicas y aguas privadas.* Editorial Bosch SA. Barcelona. S/Año.

92. --------------------. *El nuevo régimen de las aguas subterráneas.* Prensas Universidad. Zaragoza. 1990.

93. MORELL OCAÑA, Luis. "Las titularidades sobre aguas privadas" en *Revista de Administración Pública.* No. 154. Enero- Abril. 2001

94. MORILLO- VELARDE PÉREZ, José Ignacio. *Dominio público.* Editorial Trivium SA. Madrid. 1992.

95. MUÑOZ ESCUDERO, Gonzalo. "Elementos del derecho de aprovechamiento de agua" en *Revista de Derecho Administrativo Económico.* Vol. I. No. 1. Enero- Junio. 1999.

96. MUSTO, Néstor Jorge. *Derechos Reales.* T.: I. Editorial Astrea. Buenos Aires. 2000.

97. NÚÑEZ Y NÚÑEZ, Eduardo R. *Tratado de Derecho Administrativo.* T.: II. 3ra Ed. Imprenta Casa Girón. 1920.

98. PAREJO ALONSO, Luciano. "Dominio público: un ensayo de reconstrucción de su teoría general" en Revista de Administración Pública. No. 100- 102. 1983.

99. -------------------. *El régimen de la utilización de los bienes y derechos de dominio público. Autorizaciones y concesiones.* Universidad Carlos III. Madrid. S/A.

100. -------------------. "El régimen jurídico del agua y la protección de los humedales en Italia" en *Revista de Administración Pública.* No. 129. Septiembre- Diciembre. 1992.

101. -------------------. *Lecciones de Derecho Administrativo.* 3ra Ed. Tirant lo Blanch. Valencia. 2010.

102. **PASTOR Y ALVIRA**. *Julián. Manual de Derecho Romano según las Instituciones de Justiniano.* 4ta Edición. Imprenta de los hijos de Gómez Fuentenebro. Madrid. 1914.

103. **PÉREZ ECHEMENDÍA**, Marzio L. y **ARZOLA FERNÁNDEZ**, José L. *Expresiones y términos jurídicos.* Editorial Oriente. Santiago de Cuba. 2009.

104. **PÉREZ GALLARDO**, Leonardo B. *Código Civil de la República de Cuba.* (Anotado y concordado). Editorial de Ciencias Sociales. La Habana. 2011.

105. **PINTO**, Mauricio. "Régimen económico- financiero del agua en Argentina" en *Régimen económico- financiero del agua. Los precios del agua.* Antonio EMBID IRUJO (Director). Editorial Aranzadi SA. Navarra.

106. **PUIG MENESES**, Yaima y **MARTÍNEZ HERNÁNDEZ**, Leticia. "En el Consejo de Ministros: temas vitales para la actualización de la sociedad y la economía cubana" en *Granma*, Órgano Oficial del Comité Central del Partido Comunista de Cuba. Sección 'Nacionales'. Año 50. No. 76. Lunes 31 de marzo de 2014.

107. **RIVERO VALDÉS**, Orlando. *Temas de Derechos Reales.* Editorial Félix Varela. La Habana. 2007.

108. **RIZO OYANGUREN**, Armando. *Manual elemental de Derecho Administrativo I.* UNAN. Nicaragua. 1991.

109. **SALGADO LEDESMA**, Eréndira. "Agua ¿cuál es el problema?" en *Régimen jurídico del agua. Culturas y sistemas comparados.* Jorge FERNÁNDEZ RUÍZ y Javier SANTIAGO SÁNCHEZ (Coordinadores). UAM/Instituto de Investigaciones Jurídicas. Serie Doctrina Jurídica. No. 382. México. 2007.

110. **SÁNCHEZ ROCA**, Mariano. *Leyes administrativas de la República de Cuba y su jurisprudencia.* Vol. I. Editorial Lex. La Habana. 1942.

111. **SÁNCHEZ SANDOVAL**, Augusto. "El agua es un problema político económico, no jurídico" en *Régimen jurídico de las aguas. Culturas y sistemas jurídicos comparados.* Jorge FERNÁNDEZ RUIZ y Javier SANTIAGO SÁNCHEZ (Coordinadores).

UAM/Instituto de Investigaciones Jurídicas. Serie Doctrina Jurídica. No. 382. México. 2007.

112. S/A. *Lecturas geográficas.* MINED. Editorial Pueblo y Educación. La Habana. 1972.

113. SORIANO GARCÍA, José Eugenio. *Los fundamentos históricos del Derecho Administrativo en Francia y Alemania.* Instituto de Estudios Constitucionales "Carlos Restrepo Piedrahita". Temas de Derecho Público. Universidad de Externado de Colombia. S/ Año.

114. SPOTA, Alberto G. *Tratado de Derecho Civil.* Editorial De Palma. Buenos Aires. 1947-1958.

115. TELLO DE MAGALHÂES COLLAÇO, Joâo Maria. *Concessões de serviços públicos. Sua natureza jurídica*. Editorial Coimbra. Coimbra. 1928.

116. TORRALBA FACI, Inés. "La Administración del dominio público hidráulico por la Confederación Hidrográfica de Ebro" en *Usos del agua (Concesiones, Autorizaciones y Mercados del Agua).* Antonio EMBID IRUJO (Director).Editorial Aranzadi. Navarra. 2013.

117. TORRES- CUEVAS, Eduardo y LOYOLA VEGA, Oscar. *Historia de Cuba. 1942- 1898. Formación y liberación de la nación.* 2da Edición. Editorial Pueblo y Educación. La Habana. 2002.

118. TRUJILLO SEGURA, Julio. "Hacia una nueva naturaleza jurídica del agua: *res communis*" en *Agua. Aspectos constitucionales.* Emilio O. RABASA y Carol B. ARRIAGA GARCÍA (Coordinadores). UAM/Instituto de Investigaciones Jurídicas. Serie Doctrina Jurídica. No. 456. México. 2008.

119. TURNER, Ralph. *Las grandes culturas de la humanidad. Los imperios clásicos.* T.: II. 3ra Ed. Edición Revolucionaria. La Habana. 1963.

120. VALCARCER ROJAS, Lino *et alias.* "El Índice de Calidad de Agua como herramienta para la gestión de los recursos hídricos" en Revista electrónica de la Agencia de medio ambiente. Año 9. No. 16. 2009.

121. VALDÉS DÍAZ, Caridad del C. "La relación jurídica civil" en *Derecho Civil. Parte General.* Caridad del C. Valdés Díaz. (Coordinadora). Editorial Félix Varela. La Habana. 2005.

122. VEGA VEGA, Juan. *Derecho Constitucional Revolucionario en Cuba.* Editorial de Ciencias Sociales. La Habana. 1988.

123. VERGARA BLANCO, Alejandro. "Bases y principios del Derecho de Aguas. En especial de los usos consuetudinarios" en *Revista Anuario.* Facultad de Ciencias Jurídicas Universidad de Antofagasta. 1998.

124. ------------------- "Configuración histórica y tendencias actuales del Derecho de Aguas en Hispanoamérica" en *El nuevo Derecho de Aguas: las obras hidráulicas y su financiación.* Antonio EMBID IRUJO (Coordinador). Editorial Civitas. Madrid. 1998.

125. ------------------- "Contribución a la historia del Derecho de aguas II: Fuentes y principios del Derecho de aguas español medieval y moderno" en *Revista de Derecho de minas y aguas.* Vol.: II. 1991.

126. ------------------- *Derecho de Aguas.* Tomo I. 1ra Parte. Editorial Jurídica de Chile. Santiago. 1998.

127. ------------------- *Derecho de Aguas.* T.: I. 2da Parte. Editorial Jurídica de Chile. Santiago. 1998.

128. ------------------- "Naturaleza jurídica de los bienes nacionales de uso público" en *Revista Ius Publicum.* No. 3. 1999.

129. ------------------- "Teoría del dominio público y afectación minera" en *Revista Chilena de Derecho.* Vol.: XVII. 1990.

130. ------------------- "Una tríada económica y jurídica: recursos naturales, bienes públicos y servicios públicos conexos para un balance de 30 años de liberalización económica en Chile (1980- 2010)" en *Derecho Administrativo y regulación económica Liberamicorum Gaspar Ariño Ortiz.* Juan M. DE LA CUÉTARA MARTÍNEZ *et alias* (Coordinadores). Editorial La Ley. Madrid. 2011.

131. VIAMONTES GUILBEAUX, Eulalia de la C. "Salud y calidad de vida" en *Derecho medio ambiente.* Editorial Pablo de la Torriente. La Habana. 2012.

132. www.api.eoi.es/api_vl_deu.php/fedora/asset/eoi/componente45481.pdf, visitado el 17 de enero de 2014.

133. www.biodiversidadadla.org/principal/secciones/documentos, visitado el 17 de enero de 2014.

134. www.cubadebate.cu/especiales/2012/07/20/cuba-ejecuta-importantes-inversiones-en-su-sistema-hidraulico/#.U2EtDFNfRkg, visitado el 30 de abril de 2014.

135. www.hidro.cu visitado el 30 de abril de 2014.

136. www.recursoshidraulicos.org; visitado el 30 de abril de 2014.

137. www.un.org/spanish/waterforlifedecade/africa.shtml/asia.shtml, visitado el 10 de marzo de 2014.

138. www.un.org/spanish/waterforlifedecade/human_right_to_water.shtml visitado el 10 de marzo de 2014.

139. www.ohchr.org/documents/publications/factsheet35sp.pdf, El derecho al agua. Folleto informativo No. 35, visitado el 17 de enero de 2014.

140. ZAMBONINO PULITO, María. *Manual de Derecho Administrativo Marítimo.* S/Ed. Versión digitalizada.

141. ZANELLA DI PIETRO, Maria Sylvia. Direito Administrativo. 24ª Ed. Editora Atlas SA. Sao Paulo. 2011.

Normas jurídicas

Nacionales

- Constitución de la República de Cuba en Gaceta Oficial Extraordinaria No. 3 de 31 de enero de 2003.
- Acuerdo 3596 del Comité Ejecutivo del Consejo de Ministros de 4 de julio de 1999 sobre la concesión administrativa a Aguas de La Habana.
- Política Nacional del Agua. Aprobada por el Comité Ejecutivo del Consejo de Ministros en 2012.
- Código Civil español de 1889 en Gaceta del 25 de julio de 1889.
- Ley 62/ 1987 Código Penal cubano.
- Ley 76/ 1995 Ley de minas en Gaceta Oficial Ordinaria No. 3 de 23 de enero de 1995.
- Ley 81/ 1997 Del medio ambiente en Gaceta Oficial Extraordinaria No. 7 de 11 de julio de 1997.
- Ley 113/ 2012 Del sistema tributario cubano en Gaceta Oficial Ordinaria No. 53 de 21 de noviembre de 2012.
- Ley 115/ 2013 De la navegación marítima, fluvial y lacustre en Gaceta Oficial Extraordinaria No. 34 de 4 de noviembre de 2013.
- Decreto Ley 54/ 1982 Disposiciones sanitarias básicas en Gaceta Oficial Extraordinaria No. 15 de 23 de abril de 1982.

- Decreto Ley 114/ 1989 Creación el Instituto Nacional de Recursos Hidráulicos en Gaceta Oficial Extraordinaria No. 10 de 6 de junio de 1989.
- Decreto Ley 138/ 1993 De las aguas terrestres en Gaceta Oficial Ordinaria No. 9 de 2 de julio de 1993.
- Decreto Ley 164/ 1996 Reglamento de la pesca en Gaceta Oficial Ordinaria no. 26 de lunes 22 de julio de 1996.
- Decreto Ley 227/ 2002 Del patrimonio estatal en Gaceta Oficial Ordinaria No. 2 de 10 de enero de 2002.
- Decreto 103/ 1982 Reglamento de la pesca no comercial en Gaceta Oficial Extraordinaria de 3 de abril de 1982.
- Decreto 222/ 1997 Reglamento de la Ley de minas en Gaceta Oficial Ordinaria No. 32 de 19 de septiembre de 1997.
- Decreto 317/ 2013 Reglamento de la ley de la navegación marítima, fluvial y lacustre en Gaceta Oficial Extraordinaria No. 34 de 4 de noviembre de 2013.
- Resolución 12/ 1991 sobre la utilización de aguas embalsadas en Gaceta Oficial Ordinaria No. 11 de 7 de mayo de 1991.
- Resolución 11/ 1995 Reglamento de la prestación y el cobro de los servicios de abasto de agua y de alcantarillado al sector doméstico.
- Resolución 6/ 1996 de las reglas para el cobro del derecho de uso y el servicio de provisión de aguas terrestres del INRH.
- Resolución 47/ 2000 sobre las tarifas del servicio técnico productivo de abasto de agua, alcantarillado y otros servicios afines que prestan las entidades de acueducto y alcantarillado del Ministerio de Finanzas y Precios.
- Resolución 11/ 2014 del procedimiento de atención a la población del Instituto Nacional de Recursos Hidráulicos.

Foráneos

- *El Digesto de Justiniano. Constituciones preliminares y libros 1-19.*T.: I. Editorial Aranzadi. Pamplona. 1968.
- *Constitución Deo Auctore y Libro I del Digesto del Emperador Justiniano.* Fondo Editorial de la Pontificia Universidad Católica del Perú. Perú. 1990.

- *Las Siete Partidas del rey don Alfonso, el Sabio, cotejadas por varios códigos antiguos por la Real Academia de Historia.* Imprenta Real. Madrid. 1807.
- *Recopilación de las Leyes de las Indias.* T.: II. Gráficas Ultra SA. Alcalá- Madrid. 1943.
- *Código Civil. Derecho Civil español de la Península, Islas adyacentes, Cuba, Puerto Rico y Filipinas conforme al Código de 1889.* El Progreso Editorial. Madrid. 1890.

Printed by Books on Demand GmbH, Norderstedt / Germany